गंजे फ़रिश्ते

मण्टो अब तक-19

गंजे फ़रिश्ते

सआदत हसन मण्टो

वाणी प्रकाशन

वाणी प्रकाशन
4695, 21-ए, दरियागंज, नयी दिल्ली 110 002
फ़ोन : +91 11 23273167 फ़ैक्स : +91 11 23275710
शाखाएँ
अशोक राजपथ, पटना 800 004, बिहार
कॉफ़ी हाउस कैम्पस, महात्मा गांधी मार्ग, इलाहाबाद 211 001, उत्तर प्रदेश
महात्मा गांधी अन्तरराष्ट्रीय हिन्दी विश्वविद्यालय, वर्धा 442 001, महाराष्ट्र
www.vaniprakashan.in
marketing@vaniprakashan.in
sales@vaniprakashan.in

GANJE FARISHTE
by Saadat Hasan Manto

ISBN : 978-93-5072-341-8
Collection of Short Stories

संस्करण 2012
आवृत्ति 2018

मूल्य : ₹ 125

एम.एस. प्रिंटर्स, दिल्ली-110 095 में मुद्रित

वाणी प्रकाशन का लोगो मक़बूल फ़िदा हुसेन की कूची से

भूमिका

मण्टो की कहानियों का ज़िक्र, उन कहानियों के उल्लेख के बिना अधूरा है, जो उसने हिन्दू-मुसलमान दंगों पर और हिन्दुस्तान-पाकिस्तान के बँटवारे को ले कर लिखीं।

इस सिलसिले में मुझे दो उपन्यासों की याद हो आती है—बलवन्त सिंह का 'काले कोस' और यशपाल का बृहद् उपन्यास 'झूठा सच'।

'काले कोस' को मैं बलवन्त सिंह की एक बहुत ही सशक्त कृति मानता हूँ—पंजाब के गाँवों के अद्‌भुत चित्रण के लिहाज़ से भी और इसलिए भी कि बलवन्त सिंह ने अपनी संकेत-भरी शैली में उन कारणों की ओर संकेत किया है, जिनकी वजह से पंजाब के देहातों में, पंजाबी जनता में—जो साम्प्रदायिकता से रहित थी—हिन्दू-मुस्लिम वैमनस्य के बीज पड़े। उपन्यास की अन्तिम पंक्तियाँ, जब सिराज अपने अभिन्न मित्र—विरसा सिंह की हिफ़ाजत में पाकिस्तान की सरहद में पहुँचता है, मन को कचोट जाती है और बँटवारे की निरर्थकता सामने ला खड़ी कर देती है।

इसके विपरीत 'झूठा सच' ऐसा कोई प्रभाव मन पर नहीं छोड़ता। सारा उपन्यास बँटवारे की विभीषिका का नहीं वरन करन, पुरी, तारा, डॉ. प्राणनाथ, नैयर आदि के चरित्रों की गुत्थियों और ग्रन्थियों का एक सपाट लेखा-जोखा भर प्रस्तुत करता है। मैं आज तक यह नहीं समझ पाया कि इस सब में देश का विभाजन क्या भूमिका अदा करता है? क्योंकि यदि देश के विभाजन के तथ्य को उपन्यास से काट दिया जाय तो भी उपन्यासकार की निगाह जिन प्रसंगों पर भरपूर रोशनी फेंकती है, उनमें क्या फेर-बदल सम्भव था? बल्कि मैं तो एक कदम आगे जा कर यह कहना चाहूँगा कि यशपाल ने विभाजन और उसकी तमाम विभीषिका को 'इस्तेमाल' भर किया है—अपने पात्रों और प्रसंगों को एक कमाल-परिप्रेक्ष्य देने के लिए उनकी कोई इन्वाल्वमेंट उस सारी विभीषिका में नहीं रही, इसीलिए उन्होंने उस विभीषिका का चित्रण—बिना गहराई में जाये—बड़े सतही ढंग से किया है।

जिन पाठकों ने झूठा सच पढ़ा है, वे जब बँटवारे पर या हिन्दू मुस्लिम फ़सादों पर लिखी गयी मण्टो की अविस्मरणीय कहानियाँ—टोबा टेकसिंह, टिथवाल का कुत्ता, यज़ीद, गुरमुख सिंह की वसीयत, खोल दो और शरीफ़न—पढ़ेंगे, तब उन्हें यह एहसास होगा कि बँटवारा मण्टो की ज़िन्दगी में कैसे हादसे के रूप में टूटा था।

इस सन्दर्भ में सबसे पहले मैं टोबा टेकसिंह और टिथवाल का कुत्ता का ज़िक्र करना चाहता हूँ क्योंकि इस हादसे पर जिसने लाखों लोगों की नियति पर प्रभाव डाला ऐसी कहानियाँ किसी अन्य भारतीय लेखक ने नहीं लिखीं।

टोबा टेकसिंह का पागल सिक्ख—जो हिन्दुस्तान और पाकिस्तान के बँटवारे को एक अप्राकृतिक बँटवारा मानता है और तस्लीम नहीं करता—दरअसल मण्टो का ही वह रूप है जिसने इस बँटवारे को तस्लीम नहीं किया या जब किया तो अपनी ज़िन्दगी की कीमत चुका कर। मण्टो की नज़र में किशन सिंह और उस कुत्ते में कोई फ़र्क नहीं जो टिथवाल के मोर्चे पर हिन्दुस्तानी और पाकिस्तान सेना के वहशीपन का शिकार होता है। किशन सिंह और टिथवाल का वह कुत्ता—दोनों उस जनता के प्रतीक हैं जिसने इस अर्थहीन राजनीति की वजह से तकलीफ़ सहीं और कुर्बान हुईं।

यह सब इस परिप्रेक्ष्य में और भी गहरे अर्थ ग्रहण करता है कि मण्टो बँटवारे के एक वर्ष बाद पाकिस्तान चला गया। हालाँकि वह अमृतसर का रहने वाला था और उसकी जगह अगर कहीं थी और जब भी है तो वह हिन्दुस्तान में है। मण्टो के पाकिस्तान जाने के कारण, न तो राजनीतिक थे न किसी सिद्धान्त से नत्थी थे, न किसी यथार्थ से। वह पाकिस्तान गया तो इसलिए कि बम्बई की फ़िल्मी दुनिया से वह उखड़ गया था, घरेलू आदमी था और इसलिए जब उसका पूरा परिवार पाकिस्तान चला गया तो वह भी चला गया। सवाल यह भी है कि पाकिस्तान जा कर उसने क्या किया?

पाकिस्तान जाने का फ़ैसला तो हमारे देश के अन्य दो साहित्यकारों ने भी किया था—फ़ैज़ अहमद फ़ैज़ ने और जोश मलीहाबादी ने। लेकिन इन दोनों साहित्यकारों का एक राजनीतिक चेहरा भी था—फ़ैज़ प्रसिद्ध प्रगतिशील (कहूँ कि साम्यवादी) कवि थे और जोश—कौमी शायर थे। लेकिन फ़ैज़, पाकिस्तानी हुकूमत को बदलने की असफल कोशिश के बावजूद ज़िन्दा रहे और अब सुनते हैं किसी बड़े सरकारी ओहदे पर हैं। जोश भी ज़िन्दा रहे। (हालाँकि जिन सब्ज़बागों के सपने लेते हुए वे पाकिस्तान गये थे, उनकी हकीकत खुलने पर उनका जोश काफ़ी हद तक ठण्डा पड़ गया था) और 'यादों की बारात' लिखते रहे। जबकि मण्टो (जिसका व्यक्तित्व कतई तौर पर राजनीतिक नहीं, वरन एक आज़ाद लेखक का था) 'यज़ीद', 'टिथवाल का कुत्ता', 'दो गड्ढे' और 'नंगी आवाज़ें' जैसी कहानियाँ लिख कर पाकिस्तान के हालात के ख़िलाफ़ अपनी अहसमति निहायत बुलन्द आवाज़ में ज़ाहिर करता रहा और एक आज़ाद लेखक की नियति—पागलखाना और मुफ़्लिसी भोगता हुआ मर गया।

नीलाभ

अनुक्रम

मुरली की धुन

अप्रैल की तेईस या चौबीस थी। मुझे अच्छी तरह याद नहीं रहा। पागलख़ाने में शराब छोड़ने के सिलसिले में ज़ेर-ए-इलाज था कि श्याम की मौत की ख़बर एक अख़बार में पढ़ी। उन दिन एक अजीब-ओ-ग़रीब कैफ़ियत मुझ पर तारी थी। बेहोशी और नीम-बेहोशी के एक चक्कर में फँसा हुआ था। कुछ समझ में नहीं आता था कि होशमन्दी का इलाक़ा कब शुरू होता है और मैं बेहोशी के आलम में कब पहुँचता हूँ। दोनों की सरहदें कुछ इस तरह आपस में गड्मड् हो गयी थीं कि मैं ख़ुद को "नो मैन्ज़ लैंड" में भटकता महसूस करता था।

श्याम की मौत की ख़बर चुनांचे जब मेरी नज़रों से गुज़री तो मैंने समझा यह सब तर्क-ए-शराब की कारस्तानी है। जिसने मेरे ज़ेहन में हलचल पैदा कर रखी है। उससे पहले नीम ख़्वाबी के आलम में कई अज़ीज़ों की मौतें मेरे लिए वाक़अ हो चुकी थीं और नीम होशमन्दी के वक़्त मुझे यह भी मालूम हो चुका था कि वह सब ज़िन्दा हैं और मेरी सेहत के लिए दुआएँ माँग रहे हैं।

मुझे अच्छी तरह याद है जब मैंने यह ख़बर पढ़ी तो साथ वाले कमरे के पागल से कहा, "जानते हो मेरा एक निहायत ही अज़ीज़ दोस्त मर गया है।"

उसने पूछा–"कौन?"

मैने गुलूगीर आवाज़ में जवाब दिया, "श्याम।"

"कहाँ? यहाँ पागलख़ाने में?"

मैंने कोई जवाब न दिया। ऊपर-तले कई तस्वीरें मेरे मुज़तरिब दिमाग़ में उभरीं, जिनमें श्याम था। मुस्कराता श्याम। शोर मचाता श्याम, ज़िन्दगी से भरपूर श्याम, मौत और उसकी हौलनाकियों से क़तअन नाआशना श्याम–मैंने सोचा जो कुछ मैंने पढ़ा है बिलकुल ग़लत है–अख़बार का वजूद मेरे दिमाग़ की ईजाद है।

आहिस्ता-आहिस्ता अल्कोहल की धुन्ध दिमाग़ से हटने लगी और मैं तमाम वाक़आत को उनके सही ख़द-ओ-ख़ाल में देखने लगा। मगर यह अमल कुछ इस क़दर सुस्त रफ़्तार था कि जब मैं श्याम की मौत के हादसे से दो-चार हुआ तो मुझे जबरदस्त धक्का न लगा। मुझे यूँ महसूस हुआ जैसे वह अर्सा हुआ मर चुका था और उसकी मौत का सदमा भी अर्सा हुआ मुझे पहुँच चुका था। अब सिर्फ़ उसके

आसार बाक़ी थे। सिर्फ़ मलबा रह गया था। आहिस्ता-आहिस्ता जिसकी मैं ख़ुदाई कर रहा था। शिकस्ता ईंटों के ढेर में कहीं श्याम की मुस्कराहट दबी हुई मिल जाती थी, कहीं उसका बाँका क़हक़हा।

पागलख़ाने से बाहर फ़रजानों की दुनिया में यह मशहूर था कि सआदत हसन मंटो, श्याम की मौत की ख़बर सुन कर पागल हो गया है। अगर ऐसा होता तो मुझे बहुत अफ़सोस होता। श्याम की मौत की ख़बर सुन कर मुझे ज़्यादा होशमन्द हो जाना चाहिए था। दुनिया की बे सबाती का एहसास मेरे दिल-ओ-दिमाग़ में ज़्यादा शदीद हो जाना चाहिए था और इन्तक़ामी जज़्बे के तहत अपनी ज़िन्दगी को पूरी तरह इस्तेमाल करने का अज़्म मेरे अन्दर पैदा हो जाना चाहिए था...श्याम की मौत की ख़बर सुन कर पागल हो जाना महज़ पागलपन था।

तेशे बग़ैर मर न सका कोहकन असद
सरगश्ता-ए-ख़ुमार रसूम-ओ-क़यूद था

रसूम-ओ-क़यूद के बुतों को तोड़ने वाले श्याम की मौत पर पागल हो जाना उसकी बहुत बड़ी तौहीन थी।

श्याम ज़िन्दा है अपने बच्चों में जो उसकी बे-लौस मुहब्बत का नतीजा हैं। ताजी (मुमताज़) में जो बक़ौल उसके उसकी कमज़ोरी थी और उन तमाम औरतों में जिनकी ओढ़नियों के आँचल उसकी मुहब्बत भरे दिल पर गाहे-गाहे साया करते रहे और मेरे दिल में जो सिर्फ़ इसलिए सोगवार है कि वह उसकी मौत के सिरहाने यह नारा बुलन्द न कर सका—"श्याम ज़िन्दाबाद"

मुझे यक़ीन है मौत के होंटों को बड़े ख़ुलास से चूमते हुए उसने अपने मख़सूस अन्दाज़ में कहा होता—"मंटो—ख़ुदा की क़सम इन होंटों का मज़ा कुछ और ही है।"

मैं जब भी श्याम के मुताल्लिक़ सोचता हूँ तो मुझे मशहूर रूसी नाविल नवीस आर्तज़बी शेफ़ का हीरो सनाइन याद आ जाता है। श्याम आशिक़ था, इश्क़ पेशा नहीं था। वह हर ख़ूबसूरत चीज़ पर मरता था—मेरा ख़याल है कि मौत ज़रूर ख़ूबसूरत होगी, वरना वह कभी न मरता।

उसको तपिश और हिद्दत से प्यार था। लोग कहते हैं कि मौत के हाथ ठण्डे होते हैं। मैं नहीं मानता। श्याम ठण्डे हाथों का बिलकुल कायल नहीं था। अगर वाक़ई मौत के हाथ ठण्डे होते तो उसने यह कहकर एक तरफ़ झटक दिये होते। "हटो बड़ी बी—तुम मैं खुलूस नहीं है?" मुझे एक ख़त में लिखता है :

> क़िस्सा यह है जान-ए-मन! कि यहाँ हर एक "हिप टुल्ला" है। लेकिन असली "हिप टुल्ला" यहाँ से बहुत दूर लेकिन मेरी पूछते हो तो भई कोई ऐसी वजह मालूम नहीं होती कि हर्फ़-ए-शिकायत लब पर लाऊँ...ज़िन्दगी ख़ूब गुज़र रही है—रिन्दी-ओ मय नोशी! मयनोशी-ओ-रिन्दी। साथ-साथ चल रही है। ताजी (मुमताज) छह महीने के अर्से के बाद वापस आ गयी है। वह अभी तक मेरी

एक बड़ी ज़बरदस्त कमज़ोरी है और तुम जानते हो औरत की मुहब्बत की गर्मी की राहत महसूस करना कितनी राहत अंगेज़ चीज़ है। ...आख़िर मैं इंसान हूँ एक नार्मल इंसान।

निगार (निगार सुल्ताना) कभी-कभी मिलती है। लेकिन अव्वलीं हक़ "ते" का है। शामों को तुम्हारी "दानिश मन्दाना बकवास" अक्सर याद आती है।

श्याम ने उस ख़त में एक लफ़्ज "हिप टुल्ला" इस्तेमाल किया है। उसकी तशरीह चूँकि ख़ाली अज़ दिलचस्पी नहीं। इसलिए आप भी सुन लीजिए।

मैं बम्बई टाकीज़ में मुलाज़िम था। उन दिनों कमाल अमरोही की फ़िल्मी कहानी "हवेली" (जो महल के नाम से फ़िल्माई गयी) की तशकील-ओ-तकमील हो रही थी। अशोक, वाचा, हसरत (लखनवी) और मैं सब हर रोज़ बहस-ओ-तमहीस में शामिल होते थे। उन नशिस्तों में काम के अलावा कभी-कभी ख़ूब ज़ोरों पर गप भी चलती थी। एक दूसरे से मज़ाक़ होते। श्याम को जब फ़िल्म "मजबूर" की शूटिंग से फ़राग़त होती तो वह भी हमारी महफ़िल में शरीक हो जाता।

कमाल अमरोही को आम गुफ़्तगू में भी ठेठ क़िस्म के अदबी अल्फ़ाज़ इस्तेमाल करने की आदत है। मेरे लिए यह एक मुसीबत हो गयी थी। इसलिए कि अगर मैं आम फ़हम अन्दाज़ में कहानी के मुताल्लिक़ अपना कोई नया ख़याल पेश करता तो उसका असर कमाल पर पूरी तरह नहीं होता था। इसके बरअक्स अगर मैं ज़ोरदार अल्फ़ाज़ में अपना इन्दियाँ बयान करता तो अशोक और वाचा की समझ में कुछ न आता। चुनांचे मैं एक अजीब क़िस्म की मिलीजुली ज़बान इस्तेमाल करने लगा।

एक रोज़ सुबह घर से बम्बई टॉकीज़ आते हुए मैंने ट्रेन में अख़बार का स्पोर्ट्स कालम खोला। बरेबर्न स्टेडियम में क्रिकेट मैच हो रहे थे। एक खिलाड़ी का नाम कुछ अजीब-ओ-ग़रीब था। "हिप टुल्ला" —एच.ई.पी.टी.यू.एल.एल.एच.ए. —हिपटुल्ला ...मैंने बहुत सोचा कि आख़िर यह क्या हो सकता है। मगर कुछ समझ में न आया। शायद हैबतउल्ला की बिगड़ी हुई शक्ल थी।

स्टूडियो पहुँचा तो कमाल की कहानी की फ़िल्मी तशकील का काम शुरू हुआ। कमाल न अपने मख़सूस अदीबाना और असर पैदा करने वाले अन्दाज़ में कहानी का एक बाब सुनाया। मुझसे अशोक ने राय तलब की। "क्यों मंटो?"

मालूम नहीं क्यों, मेरे मुँह से निकला—"ठीक है—मगर हिप टुल्ला नहीं।"

बात कुछ बन ही गयी। "हिप टुल्ला।" मेरा मतलब बयान कर गया। मैं कहना यह चाहता था कि सीक्वेन्स ज़ोरदार नहीं है।

कुछ अर्से के बाद हसरत ने उसी बाब को एक नये तरीक़े से पेश किया। मेरी राय पूछी गयी, तो मैंने अब की दफ़ा इरादी तौर पर कहा, "भई हसरत, बात नहीं बनी—कोई हिप टुल्ला चीज़ पेश करो। हिप टुल्ला।"

दूसरी मर्तबा हिप टुल्ला कहकर मैंने सब की तरफ़ रद्द-ए-अमल मालूम करने

के लिए देखा। यह लफ़्ज अब मानी इख़्तियार कर चुका था। चुनांचे उस नशिस्त में बिला तकल्लुफ़ मैंने उसे इस्तेमाल किया। हिप टुलेटी नहीं, हिप टु लाइज़ करना चाहिए वग़ैरा-वग़ैरा लेकिन अचानक एक बार अशोक मुझसे मुख़ातिब हुआ, "हिप टुल्ला का असल मतलब क्या है? किस ज़बान का लफ़्ज़ है?"

श्याम उस वक़्त मौजूद था जब अशोक ने मुझसे यह सवाल किया। उसने ज़ोर का क़हकहा लगाया। उसकी आँखें सिकुड़ गयीं। ट्रेन में वह मेरे साथ था। जब मैंने क्रिकेट के खिलाड़ी के उस अजीब-ओ-ग़रीब नाम की तरफ़ उसको मुतवज्जा किया था। हँस-हँस के दोहरा होते हुए उसने सब को बताया कि यह मंटो की नयी मंटोयत है। जब कुछ समझ न आया तो हिपटुल्ला को खींच कर फ़िल्मी दुनिया में ले आया। मगर खींचातानी के बग़ैर यह लफ़्ज़ बम्बई के फिल्मी हलकों में रायज हो गया।

29-7-48 के ख़त में श्याम मुझे लिखता है:

प्यारे मंटो। अब की दफ़ा तुम फिर ख़ामोश हो। तुम्हारी यह ख़ामोशी मुझे बहुत दिक करती है। इसके बावजूद कि मैं तुम्हारे दिमाग़ी तसाहुल से बख़ूबी वाक़िफ़ हूँ। मैं गुस्से से दीवाना हुए बग़ैर नहीं रह सकता। जबकि तुम यक-लख़्त चुप साघ लेते हो। इसमें शक नहीं कि मैं भी कोई बहुत बड़ा ख़तबाज़ नहीं हूँ। लेकिन मुझे ऐस ख़त लिखने और वसूल करने में लुत्फ़ हासिल होता है जो ज़रा "अलग क़िस्म" के हों...यानी हिप टुल्ला।

लेकिन हिपटुल्ला यहाँ बहुत ही नायाब चीज़ हो गयी है...उसे काग़ज़ पर लिखो तो कमबख़्त "हिप टुल्ली" बन जाती है और मगर यह हिप टुल्ली भी दस्तयाब न हो तो बताओ कितनी कोफ़्त होती है। माफ़ करना अगर मैंने हिपटुलाइज़ करना शुरू कर दिया हो...लेकिन क्या करूँ, जब हक़ीक़तें गुम हो जायें तो इंसान हिपटुलेट ही करता है। मगर मुझे कुछ परवाह नहीं कि तुम क्या कहोगे क्या नहीं कहोगे। मैं इतना जानता हूँ और तुम्हें उसका इल्म होगा कि तुम ऐसे बड़े हिपटुल्ला को उस मैदान में शिकस्त देने का सेहरा सिर्फ़ मेरे ही सिर पर है। मंटो! किसी ने कहा है जब आशिक के पास लफ़्ज़ ख़त्म हो जाते हैं तो वह चूमना शुरू कर देता हे और जब किसी मुकर्रर के पास अल्फ़ाज़ का ज़ख़ीरा ख़त्म हो जाता है तो वह खाँसने लगता है। मैं इस कहावत में एक और चीज़ शामिल करता हूँ। जब मर्द की मर्दानगी ख़त्म हो जाती है तो वह अपने माज़ी को पलट-पलट कर देखने लगता है।

लेकिन तुम फ़िक्रमन्द न होना मैं इस आख़री मंज़िल से कुछ दूर हूँ। ज़िन्दगी बहुत मसरूफ़ और भरपूर है और भरपूर ज़िन्दगी में तुम जानते हो दीवानगी के लिए बहुत कम फ़ुर्सत मिलती है। हालाँकि मुझे इस की अशद ज़रूरत महसूस होती है।

नसीम वाला फ़िल्म (चाँदनी रात) क़रीब-क़रीब निस्फ मुकम्मल हो चुका है।

अमरनाथ से एक फ़िल्म का कान्ट्रेक्ट कर चुका हूँ। ज़रा सोचो तो मेरी हीरोइन कौन है? निगार (निगार सुल्ताना) मैंने ख़ुद उसका नाम तजवीज़ किया था। महज़ यह मालूम करने के लिए कि पर्दे पर उन पुराने जज़्बात का एआदा कैसे लगता है जो कभी किसी से हक़ीक़त की दुनिया में मुताल्लिक़ रहे हैं—पहले मसर्रत थी, अब महज़ कारोबार लेकिन क्या ख़याल है तुम्हारा। यह सिलसिला जोश आफ़री नहीं रहेगा।

ताजी, अभी तक मेरी ज़िन्दगी में है। निगार बहुत ही अच्छी है और उसका सुलूक बेहद नर्म-ओ-नाज़ुक। पिछले दिनों से रमोला भी यहाँ बम्बई में है। उससे मुलाक़ात करने पर मुझे मालूम हुआ कि वह अभी तक उस कमज़ोरी को जो उसके दिल-ओ-दिमाग में मेरी तरफ़ से मौजूद है मग़लूब नहीं कर सकी। चुनांचे उसके साथ भी सैर-ओ-तफ़रीह रही।

ओल्ड ब्याय में उन दिनों "फ़लरटेशन" के फ़न में एडवांस ट्रैनिंग ले रहा हूँ। मगर दोस्त यह सारा सिलसिला बहुत ही पेचीदा हो गया है। बहरहाल मैं पेचीदगियाँ पसन्द करता हूँ।

वह मेरे अन्दर जो क़िस्मत आज़मा मुहिम जू और आवारागर्द है, अभी तक काफ़ी ताक़तवर है। मैं किसी मख़सूस जगह का नहीं और न किसी मख़सूस जगह का होना चाहता हूँ। मैं लोगों से मुहब्बत करता हूँ और उनसे नफ़रत करता हूँ। ज़िन्दगी यूँ ही गुज़र रही है। दरअसल ज़िन्दगी ही एक ऐसी माशूका है जिससे मुझे मुहब्बत है, लोग जायें जहन्नुम में।

मुझे मुसन्निफ़ का नाम भूल गया है। मगर उसका एक जुमला याद रह गया है। शायद वह भी दुरुस्त न हो। मगर मफ़हूम कुछ इसी क़िस्म का था...वह लोगों से इस क़दर मुहब्बत करता था कि (ख़ुद को मुहब्बत करने में) कभी तन्हा महसूस नहीं करता था। लेकिन वह इस तौर पर उनसे नफ़रत करता था कि (नफ़रत करने में ख़ुद को) यक-ओ-तन्हा महसूस करता था।"

मैं इसमें और कोई फ़िक़रा शामिल नहीं कर सकता।

इन दो ख़तों में ताजी का जिक्र आया है। ख़तूत बहदानी में इतना तो मैं बता चुका हूँ कि यह मुमताज़ की तसगीर है। मुमताज़ कौन है यह ख़ुद श्याम बता चुका है कि वह उसकी कमज़ोरी है। सच पूछिए तो निगार, रमोला सब उसकी कमज़ोरियाँ थीं। औरत दरअसल उसकी सबसे बड़ी कमज़ोरी थी और यही उसके किरदार का मज़बूततरीन पहलू था।

मुमताज़ जेब कुरैशी एम.ए. की छोटी बहन है। ज़ेब के साथ बम्बई गयी तो वहाँ ज़हूर राजा भारी-भरकम इश्क़ में फँस गयी। कुछ अर्से के बाद उससे अपना दामन छुड़ाकर लाहौर आयी तो श्याम के साथ रोमांस शुरू हो गया। बम्बई में जब श्याम की माली हालत दुरुस्त हुई तो उसने अपने होने वाले बच्चों की ख़ातिर उससे

शादी कर ली।

श्याम को बच्चों से बहुत प्यार था। ख़ास तौर पर ख़ूबसूरत बच्चों से, ख़्वाह वह हद दर्जा बदतमीज़ ही क्यों न हो। तहारत-ओ-नफ़ासत पसन्द तबकों की नज़र में वह ख़ुद बहुत बड़ा बदतमीज़ था। बाज़ औरतें तो उससे उसकी बदतमीज़ियों की वजह से सख़्त नफ़रत करती थीं। मगर वह बिलकुल बे परवाह था। उसने कभी उन औरतों की खुशनूदी के लिए अपनी आदत सँवारने की कोशिश न की। उसका ज़ाहिर-ओ-बातिन एक था। "मंटो–मेरी बातें सुन कर यह नाक-भौं चढ़ाने वाली सालियाँ सब बनती हैं–मेकअप की दुनिया में रहती हैं।"

लेकिन बाज़ औरतें उसकी बदतमीज़ियों से मुहब्बत भी करती थीं। क्योंकि उनमें बिस्तर की बू नहीं होती थी। श्याम उनसे खुले मज़ाक़ करता। वह भी उससे ऐसी बातें करती जो मुहज़्ज़ब सोसाइटी में क़ाबिल-ए-सब पोश समझी जाती थीं ...होंठों पर मुस्कराहटें नाचतीं। हलक़ से क़हक़हे उछलते। हँसते-हँसते श्याम की आँखों में आँसू आ जाते और मुझे ऐसा महसूस होता कि दूर कोने में तहारत पसन्दी नोकीले कीलों पर आसन जमाए अपने गुनाह बख़्शवाने की रायगाँ कोशिश कर रही है।

श्याम से मेरी पहली मुलाक़ात कब और कहाँ हुई, यह मुझे बिलकुल याद नहीं। ऐसा मालूम होता है कि मैं उससे मिलने से पहले ही मिल चुका था। वैसे अब सोचता हूँ तो इतना याद आता है कि बम्बई में उससे शुरू-शुरू की मुलाक़ातें शायद लेडी जमशेद जी रोड पर हुई थीं। जहाँ मेरी बहन रहती थी। "हाइनिस्त" में बालाई मंज़िल के एक फ़्लैट में डायमण्ड रहती थी। उसके यहाँ श्याम का आना-जाना था। दो तीन मर्तबा ग़ालिबन सीढ़ियों में उससे मिलना हुआ। यह मुलाक़ातें गो रस्मी थीं। लेकिन फिर भी ग़ायत दर्जा बे तकल्लुफ़ थीं। क्योंकि श्याम ने मुझे ख़ुद ही बता दिया था कि डायमण्ड नाम की औरत जो मिसेज़ श्याम कहलाती है दर हक़ीक़त उसकी बीवी नहीं। लेकिन ताल्लुक़ात की बिना पर वह बीवी से कुछ ज़्यादा ही है। वह अज़दवाजी रिश्ते और उसके इश्तिहार का बिलकुल क़ायल नहीं था। लेकिन जब एक तकलीफ़ के सिलसिले में उसे डायमण्ड को अस्पताल दाख़िल कराना पड़ा तो उसने रजिस्टर में उसका नाम मिसेज़ श्याम ही लिखवाया।

बहुत देर बाद डायमण्ड के शौहर ने मुक़दमेबाज़ी की। श्याम को भी उसमें फँसाया गया। लेकिन मामला रफ़ा-दफ़ा हो गया और डायमण्ड जो कि अब फ़िल्मी दुनिया में क़दम रख चुकी थी और वज़नी जेबें देख चुकी थी, श्याम की ज़िन्दगी से निकल गयी। मगर श्याम उसको अक्सर याद करता था।

मुझे याद है पूने के एक बाग़ में उसने मुझे सैर कराते हुए कहा, "मंटो–डायमण्ड ग्रेट औरत थी–ख़ुदा की क़सम जो औरत इसक़ात बर्दाश्त कर सकती है, वह दुनिया की बड़ी-से-बड़ी सऊबत का मुक़ाबला कर सकती है।" लेकिन फ़ौरन ही उसने कुछ सोच कर कहा, "यह क्या बात है मंटो–औरत फल-फूल से क्यों डरती है–क्या

इसलिए कि यह गुनाह का होता है? मगर यह गुनाह और सवाब की बकवास क्या है। एक नोट असली या जाली हो सकता है। एक बच्चा हलाल या हराम का नहीं हो सकता। यह झटका या कलमा पढ़ के छुरी फेरने से पैदा नहीं होता। उसकी पैदाइश का मोजिब तो वह अज़ी-मुश्शान दीवानगी है, जिसके मुरतकिब सबसे पहले बाबा आदम और अम्मां हव्वा हुए थे—आह यह दीवानगी।"

और वह देर तक अपनी मुख़्तलिफ़ दीवानगियों की बातें करता रहा।

श्याम बहुत बुलन्द बाग था। उसकी हर बात, उसकी हर हरकत, उसकी हर अदा ऊँचे सुरों में होती थी। एतदाल का वह बिलकुल क़ायल नहीं था। महफ़िल में संजीदगी-ओ-मतानत की टोपी पहिन कर बैठना उसके नज़दीक मसख़रापन था। शुग़ल-ए-मय नोशी के दौरान में ख़ास तौर पर अगर कोई ख़ामोश हो जाता या फ़लसफ़ी बन जाता, तो उसे नाक़ाबिल-ए-बयान कोफ़्त होती। इस क़दर झुँझला जाता कि बाज़ अवक़ात बोतल और गिलास तोड़-फोड़ कर गालियाँ देता महफ़िल से बाहर चला जाता।

पूने का एक वाक़आ है। श्याम और मसूद परवेज़ दोनों "जुबैदा कॉटेज" में रहते थे। एक कहानी फ़रोख़्त करने के सिलसिले में मुझे वहाँ ठहरना पड़ा। मसूद तबअन ख़ामोशी पसन्द है। शराब पी कर वह और भी ज़्यादा मुन्जमिद हो जाता। एक दिन सुबह से रम का दौर शुरू हुआ। उस दौरान में कई आये और बहक कर चले गये। मैं, मसूद और श्याम डटे हुए थे। श्याम बहुत ख़ुश था। इसलिए कि वह बहकने वालों से मिल कर जी भर के शोर मचाता रहा था। मगर शाम के क़रीब उसको दफ़अतन महसूस हुआ कि मसूद दिन की तमाम हाव, हूँ से अलग-थलग रहा है। नशे से चूर आँखों को सुकोड़ कर उसने मसूद की तरफ़ देखा और तंज़िया लहजे में कहा, "क्यों हज़रत-ए-परवेज़—क्या आपने अपना मर्सिया मुकम्मल फ़रमा लिया है।"

मसूद हस्ब-ए-आदत मुस्करा दिया। इतने में कृष्ण चन्द्र आ गया और श्याम मसूद की मुंजमिद मुस्कराहट के पैदा-क़र्दा असर को भूल गया। दो-एक दौर चले, तो श्याम ने कृष्ण से मसूद के "नाक़ाबिल-ए-बर्दाश्त इनजमाद" का जिक्र किया। कृष्ण की ज़बान का ताला खोलने के लिए दो पेग काफ़ी थे। चुनांचे मसूद से मुख़ातिब हो कर उसने लअन-तअन शुरू कर दी। "तुम कैसे शायर हो परवेज़—सुबह से पी रहे हो और तुमने अभी तक कोई वाहियात बात नहीं की। ख़ुदा की क़सम जो शायर वाहियात बकवास करना नहीं जानता, वह शायरी भी नहीं कर सकता। मुझे हैरत है कि तुम शायरी कैसे कर लेते हो? मेरा ख़याल है तुम्हारी यह शायरी यक़ीनन बकवास होगी और तुम्हारा पी कर यूँ केस्टरायल की बोतल बन जाना तुम्हारी असल शायरी है।"

यह सुन कर श्याम इस क़दर हँसा कि उसकी आँखों से आँसू टप-टप गिरने लगे।

जब कुछ देर तक मसूद से छेड़छाड़ जारी रही तो वह उकसा। उठकर उसने हम सब के ग्लास ख़ाली कर दिये और कहा, "चलो बाहर चलें।"

हम बाहर निकले। मसूद के कहने पर सब ने अपने जूते उतार कर जेबों में रख लिये और दौड़ने लगे। उस वक़्त रात के बारह बजे होंगे। पूना की सड़कें सब सुनसान थीं। मैं, मसूद, श्याम और एक और जिसका नाम मुझे याद नहीं रहा, दीवाना वार शोर मचाते दौड़ रहे थे। बिलकुल बे मतलब। अपनी मंज़िल से ना आशना।

रास्ते में कृष्ण चन्द्र का मकान पड़ता था। वह दौड़ से पहले हमसे अलग हो कर चला गया। दरवाज़ा खुलवा कर हमने उसे बहुत परेशान किया। उसकी समीना ख़ातून हमारा शोर सुन कर दूसरे कमरे से बाहर निकल आयी। इससे कृष्ण और भी ज़्यादा परेशान हुआ, जिसके पेश-ए-नज़र हम वहाँ से रुख़सत हुए और फिर सड़क पैमाई शुरू कर दी।

पूना मन्दिरों का शहर है। हर फ़र्लांग पर एक-न-एक मन्दिर ज़रूर होता है। मसूद ने एक का घंटा बजाया। मैं और श्याम सजदे में चले गये और शिव शम्भू, शिव शम्भू कहने लगे। इसके बाद जो भी मन्दिर आता, हम चारों यही अमल दोहराते और ख़ूब क़हक़हे लगाते। जब कोई पुजारी आँखें मलता बाहर निकलता तो हम ख़ामोश हो जाते और चुपचाप चल पड़ते।

इसी तरह तीन बज गये—एक सड़क में खड़े हो कर मसूद ने वह मुग़ल्लज़ात बकीं कि मैं दंग रह गया। क्योंकि उसकी ज़बान से मैंने कभी नाशाइस्ता कलमा नहीं सुना था। मगर जब वह मोटी-मोटी गालियाँ उगल रहा था तो मैंने महसूस किया कि वह उसकी ज़बान पर ठीक तौर पर बैठती नहीं थीं।

चार बजे हम ज़ुबैदा कॉटेज पहुँचे और सो गये। लेकिन मसूद शायद जागता और शेर कहता रहा था।

मयनेशी के मामले में भी श्याम एतदाल पसन्द नहीं था। वह खुल खेलने का क़ायल था। मगर अपने सामने मैदान की वुसअत देख लेता था। उसकी लम्बाई-चौड़ाई को अच्छी तरह जाँच लेता था ताकि हुदूद से आगे निकल न जाय। वह मुझसे कहा करता था, "मैं चौके पसन्द करता हूँ—छक्के महज़ इत्तफ़ाक़ से लग जाते हैं।"

एक छक्का मुलाहज़ा हो :

तक़सीम होने से चन्द माह पेश्तर का ज़िक्र है—श्याम, शाहिद लतीफ़ के घर से मेरे यहाँ चला आया था। बम्बई की ज़बान में कड़की यानी मुफ़लिसी के दिन थे। मगर मय नोशी बड़ी बाक़ायगी से जारी थी। एक शाम बातों-बातों में ज़्यादा पी गये। राजा मेहदी अली खाँ भी इत्तफ़ाक़ से मौजूद था। कर्फ़्यू का वक़्त हुआ तो उसने जाने की इजाज़त चाही। मैंने उससे कहा, "पागल हुए हो पकड़े जाओगे।"

श्याम ने उससे अज़ राह-ए-मुज़ाक कहा, "यहीं सो जाओ। आजकल ताजी यहाँ नहीं है।"

राजा ने मुस्करा कर जवाब दिया। “मुझे नींद नहीं आयेगी। स्प्रिंग वाले पलँगों पर मैं क़तअन सो नहीं सकता।”

श्याम ने एक गिलास में राजा के डील-डौल के मुताबिक ब्राण्डी का पेग डाला और उसको दे दिया, “यह लो, इससे नींद आ जायेगी।”

राजा एक घूँट में सारा गिलास चढ़ा गया। बहुत देर तक ताजी की बातें होती रहीं। जो श्याम से नाराज हो कर अपनी बहन के पास चली गयी थी—हर आठवें-दसवें रोज़ निकम्मी-निकम्मी बातों पर दोनों में चख़ हो जाती थी। मैं बिलकुल दख़ल नहीं देता था। इसलिए कि श्याम को यह बिलकुल पसन्द नहीं था। हम दोनों में गोया दिल-ही-दिल मैं यह मुआहदा हो चुका था कि एक-दूसरे के कामों में दख़ल अन्दाज़ी नहीं करेंगे।

ताजी यूँ गयी थी जैसे कभी वापस नहीं आयेगी और श्याम ने भी उसे यूँ विदा किया था जैसे वह फिर कभी उसकी शक्ल तक देखने का रवादार नहीं होगा। मगर दोनों एक-दूसरे से दूर बैठे तड़पते रहते थे। शामों को तो श्याम अक्सर ताजी के मामले में बहुत जज़्बाती हो जाता था। मैं सोचता कि वह ज़रूर रात भर उसकी याद में जागता रहेगा। मगर कमबख़्त नींद का कुछ ऐसा माता था कि पलँग पर लेटते ही सो जाता।

मेरे फ़्लैट में सिर्फ़ दो कमरे थे। एक सोने का दूसरा बैठने का। सोने वाला कमरा मैंने श्याम और ताजी को दे दिया था और बैठने वाले कमरे में गद्दा बिछाकर मैं सोता था। ताजी चूँकि मौजूद नहीं थी, इसलिए उसका पलँग राजा मेंहदी अली खाँ को मिल गया। रात बहुत गुज़र गयी थी, इसलिए हम सब अपनी-अपनी जगह पर सो गये।

हस्ब-ए-मामूल पौने छह के क़रीब मेरी आँख खुली। नीम ख़्वाबी के आलम में यूँ महसूस हुआ कि मेरे साथ कोई लेटा है। पहले मैंने ख़याल किया कि बीवी है। मगर वह तो लाहौर बैठी थी। आँखें खोलकर देखा तो मालूम हुआ कि श्याम है। अब मैंने सोचना शुरू किया कि यह कैसे मेरे पास पहुँच गया। अभी यह सोच ही रहा था कि जले हुए कपड़े की बू नाक में घुसी। पास ही सोफ़ा पड़ा था। अर्सा हुआ सिगरेट गिरने से उसका एक हिस्सा जल गया था। मगर इतनी देर के बाद अब बू आने का क्या मतलब है। आँखें ज़्यादा खुलीं, तो मैंने धुँए की कड़ुवाहट महसूस की और हल्के-हल्के दूधिया बादल भी देखे—उठकर मैं दूसरे कमरे में गया। क्या देखता हूँ कि वह पलँग जिसपर श्याम सोया करता था सुलग रहा है और पास ही दूसरे पलँग पर राजा मेंहदी अली खाँ अपनी तोंद निकाले पड़ा ख़र्राटे ले रहा है।

मैंने क़रीब जा कर पलँग के जले हुए हिस्से का मुआयना किया। मीटर्स में बड़ी रकाबी के बराबर सूराख़ था जिसमें से धुआँ निकल रहा था। ऐसा मालूम होता था कि किसी ने आग बुझाने की कोशिश की है। क्योंकि पलँग पानी में तर-बतर था।

मगर मामला चूँकि रूई और नारियल के फूस का था, इसलिए आग पूरी तरह बुझी नहीं थी और बराबर सुलग रही थी। मैंने राजा को ज़गाने की कोशिश की। मगर वह करवट बदलकर और ज़ोर से ख़र्राटे लेने लगा। एकदम पलँग के स्याह सूराख़ से एक लाल-लाल शोला बाहर लपका। मैं फ़ौरन गुसलख़ाने की तरफ़ भागा। एक बाल्टी पानी की उस सूराख़ में डाली और जब पूरी तरह इत्मीनान हो गया कि आग बुझ गयी है तो राजा को झँझोड़-झँझोड़ कर जगाया। उससे जब आतशज़दगी की वारदात के मुताल्लिक़ इसतफ़सार किया तो उसने अपने मख़ूसस मज़ाहिया अन्दाज़ में ख़ूब नमक-मिर्च लगा कर वाक़आत बयान किये। "तुम्हारा यह श्याम हनुमान महाराज है। रात ब्राण्डी के तालाब में गोता लगाते हुए मैं सो गया। दो बजे के क़रीब जब अजीब-अजीब आवाज़ें आयीं तो मैं जाग पड़ा। क्या देखता हूँ कि श्याम एक बहुत बड़ा हनुमान है। उसकी गुफ्फेदार दुम के साथ मिट्टी के तेल में डूबी चिन्दियाँ बँधी हैं और उनमें आग लगी है। श्याम पलँग पर ज़ोर-ज़ोर से उछल-कूद रहा है और अपनी दुम से आग लगा रहा है। जब आग लग गयी तो मैंने आँखें बन्द कर लीं और ब्राण्डी के तालाब में गोता लगा गया। तह के साथ लग कर सोने ही वाला था कि मुझे तुम्हारा ख़याल आया है कि ग़रीब आदमी का पलँग ऐसा न हो कि जल कर राख हो जाय। चुनांचे उठा। श्याम ग़ायब था। दूसरे कमरे में तुम्हें हालात से आगाह करने के लिए गया, तो क्या देखता हूँ कि श्याम अपने असली रूप मैं तुम्हारे साथ चिमट कर लेटा है। मैंने तुम्हें जगाने की कोशिश की। अपने फेफड़ों पर ज़ोर लगा-लगा कर तुम्हें पुकारा। घण्टे बजाये। ऐटम बम चलाये। मगर तुम न उठे। आख़िर मैंने हौले-हौले तुम्हारे कान में कहा ख़्वाजा उठो। स्काच व्हिस्की की एक पूरी पेटी आयी है। तुमने फ़ौरन आँखें खोल दीं और पूछा, "कहाँ?" —मैंने कहा, "होश में आओ—सारा मकान जल रहा है—आग लग गयी है आग!" तुमने कहा, "बकते हो।" "नहीं ख़्वाजा। मैं ख़्वाजा ख़िज़्र की क़सम खा कर कहता हूँ आग लगी है।" जब तुम्हें मेरे बयान पर यक़ीन आ गया तो तुम आराम से यह कहते हुए सो गये। "फ़ायर ब्रेगेड को इत्तिला दे दो।" तुम्हारी तरफ़ से मायूस हो कर मैंने श्याम को हालात की नज़ाकत से आगाह करने की कोशिश की, जब वह इस क़ाबिल हुआ कि मेरी बात उसके दिमाग़ तक पहुँच सके तो उसने मुझसे कहा, "तुम बुझा दो ना यार। क्यों तंग करते हो।" —और सो गया...आग आख़िर आग है और उसका बुझाना हर इंसान का फ़र्ज़ है। इसलिए मैं फ़ौरन अपनी सारी इंसानियत मुजतमा कर के फायर ब्रेगेड बन गया और वह जग जो मैंने तुम्हारी सालगिरह पर तोहफ़े के तौर पर दिया था, भर के आग पर डाल दिया—मेरा काम चूँकि पूरा हो चुका था। नतीजा ख़ुदा के हाथ सौंप कर सो गया।"

श्याम जब पूरी नींद सो कर उठा तो मैंने और राजा ने उससे पूछा कि आग कैसे लगी थी। श्याम को यह क़तअन मालूम नहीं था। बहुत देर ग़ौर-ओ-फ़िक्र के बाद

उसने कहा, "मैं आतश-ज़दगी की इस वारदात पर कोई रोशनी नहीं डाल सकता।" मगर जब राजा दूसरे कमरे से श्याम की जली हुई रेशमी कमीज उठा कर लाया तो श्याम ने मुझसे कहा, "अब तफ़तीश करनी ही पड़ेगी।"

सब ने मिलकर तफ़तीश की तो मालूम हुआ कि श्याम साहब ने जो बनियान पहना था वह भी दो-एक जगह से जला हुआ है। ज़्यादा गहराइयों में गये तो देखा कि उनकी छाती पर रुपये-रुपये जितने दो बड़े आबले हैं। चुनांचे शलक हूम्ज़ ने अपने दोस्त वाटसन से कहा, "यह बात क़तअई तौर पर पाया-ए-सुबूत को पहुँच गयी है कि आग ज़रूर लगी थी और श्याम सिर्फ़ इस ग़रज़ से कि उसके हमसाये राजा मेंहदी अली खाँ को तकलीफ़ न हो चुपचाप उठकर मेरे पास चला आया।"

जब श्याम ने तहज़ीब-ओ-तमदन के मुख्वजा क़वानीन के पेश-नज़र ताजी से बाक़ायदा शादी की, तो मेरा ख़याल है सिर्फ़ एक इन्तक़ामी जज़्बे के तहत उसने इतनी शानदार दावत की कि देर तक फिल्मी दुनिया में उसके चर्चे रहे। इतनी शराब बहाई गयी कि ख़म के ख़म ख़ाली हो गये। मगर अफसोस कि तहज़ीब-ओ-तमद्दुन की सत्र-पोश चोली के दाग़ धुल न सके।

श्याम सिर्फ़ बोतल और औरत ही का रसिया नहीं था। ज़िन्दगी में जितनी नेमते मौजूद हैं वह उन सब का आशिक़ था। अच्छी किताब से भी वह उसी तरह प्यार करता था जिस तरह एक अच्छी औरत से करता था। उसकी माँ उसके बचपन ही में मर गयी थीं। मगर उसको अपनी सौतली माँ से भी वैसी ही मुहब्बत थी जो हकीकी माँ से हो सकती थी। इसके छोटे-छोटे सौतले भाई बहन थे। उन सबको वह जान से ज़्यादा अज़ीज़ समझता था। बाप की मौत के बाद सिर्फ़ उसकी अकेली जान थी जो इतने बड़े कुनबे की देखभाल करती थी।

एक अर्से तक वह इन्तिहाई खुलूस के साथ दौलत और शोहरत हासिल करने के लिए हाथ-पाँव मारता रहा। इस दौरान में तक़दीर ने उसे कई गुच्चे दिये मगर वह हँसता रहा। "जान-ए-मन एक दिन ऐसा भी आयेगा कि तू मेरी बग़ल में होगी।" और वह कई बरसों के बाद आख़िर आ ही गया कि दौलत और शोहरत दोनों उसकी जेब में थीं।

मौत से पहले उसकी आमदनी हज़ारों रुपये माहवार थी। बम्बई के मुज़ाफ़ात में एक ख़ूबसूरत बँगला उसकी मिल्कियत था और कभी वह दिन थे कि उसके पास सिर छुपाने को जगह नहीं थी। मगर मुफ़लिसी के उन अयाम में भी वही हँसता हुआ श्याम था। दौलत-ओ-शोहरत आयी तो उसने उनका यूँ इस्तक़बाल न किया जिस तरह लोग डिप्टी कमिश्नर का करते हैं। ये दोनों मोहतरमा उसके पास आयीं तो उसने उनको अपनी लोहे की चारपायी पर बैठा लिया और पटाख़-पटाख़ बोसे दाग़ दिये।

मैं और वह जब एक छत के नीचे रहते थे तो दोनों की हालत पतली थी। फिल्म इण्डस्ट्री मुल्क की सियासयात की तरह एक बड़े ही नाज़ुक दौर से गुज़र रही थी।

मैं बम्बई टॉकीज़ में मुलाज़िम था। उसका वहाँ एक पिक्चर का काण्ट्रैक्ट था दस हज़ार रुपये में। अर्से की बेकारी के बाद उसको यह काम मिला था। मगर वक़्त पर पैसे नहीं मिलते थे। बहरहाल हम दोनों का गुज़र किसी-न-किसी तौर हो जाता था। मियाँ-बीवी होते तो उनमें रुपये पैसे के मामले में चख़ होती। मगर श्याम और मुझे कभी महसूस तक न हुआ कि हम मैं से कौन ख़र्च कर रहा है और कितना कर रहा है।

एक दिन उसे बड़ी कोशिशों के बाद मोटी-सी रक़म मिली। (ग़ालबन पाँच सौ रुपये थे) मेरी जेब ख़ाली थी। हम मलाड़ से घर आ रहे थे। रास्ते में श्याम का यह प्रोग्राम बन गया कि वह चर्च गेट किसी दोस्त से मिलने जायेगा। मेरा स्टेशन आया तो उसने जेब से दस-दस रुपये के नोटों की गड्डी निकाली। आँखें बन्द करके उसके दो हिस्से किये और मुझसे कहा, "जल्दी करो मंटो...इनमें से एक ले लो।"

मैंने गड्डी का एक हिस्सा पकड़ कर जेब में डाल लिया और प्लेटफ़ार्म पर उतर गया। श्याम ने मुझे "टाटा" कहा और कुछ नोट जेब से निकाल लहराए। "तुम भी क्या याद रखोगे सेफ़्टी की ख़ातिर मैंने ये नोट अलाहिदा रख लिये थे–हिप टुल्ला।"

शाम को जब वह अपने दोस्त से मिल कर आया तो कबाब हो रहा था। मशहूर फ़िल्म स्टार 'के के' ने उसको बुलाया था कि वह उससे एक प्राइवेट बात करना चाहती है। श्याम ने ब्राण्डी की बोतल बग़ल में से निकाल कर और गिलास में एक बड़ा पेग डालकर मुझसे कहा, "प्राइवेट बात यह थी...मैंने लाहौर में एक दफ़ा किसी से कहा था कि 'के के' मुझ पर मरती है। ख़ुदा की क़सम बहुत बुरी तरह मरती थी। लेकिन उन दिनों मेरे दिल में कोई गुंजाइश नहीं थी। आज उसने मुझे अपने घर बुला करकहा कि तुमने बकवास की थी। मैं तुम पर कभी नहीं मरी। मैंने कहा तो आज मर जाओ। मगर उसने हठधर्मी से काम लिया और मुझे गुस्से में आकर उसके एक घूँसा मारना पड़ा।"

मैंने उससे पूछा, "तुमने एक औरत पर हाथ उठाया।"

श्याम ने मुझे अपना हाथ दिखाया जो ज़ख़्मी हो रहा था। "कमबख़्त आगे से हट गयी। निशान चूका और मेरा घूँसा दीवार के साथ जा टकराया।"

यह कहकर वह ख़ूब हँसा, "साली बेकार तंग कर रही है।"

मैंने ऊपर रुपये-पैसे का ज़िक्र किया है–ग़ालिबन दो बरस पीछे की बात है। मैं यहाँ लाहौर में फ़िल्मी सनअत की ज़बूँ हाली और अपने अफसाने–"ठण्डा गोश्त" के मुक़दमे की वजह से बहुत परेशान था। अदालत-ए-मातहत ने मुझे मुजरिम क़रार देकर तीन महीने क़ैद बा मशक़्क़त और तीन सौ रुपया जुर्माने की सजा दी थी। मेरा दिल इस क़दर खट्टा हो गया था कि जी चाहता था अपनी तमाम तसानीफ़ को आग में झोंक कर कोई और काम शुरू कर दूँ। जिसका तख़लीक से कोई एलाक़ा हो–चुंगी के मुहकमे में मुलाज़िम हो जाऊँ और रिश्वत खा कर अपना और अपने

बाल-बच्चों का पेट पाला करूँ। किसी पर नुक्ता-चीनी करूँ न किसी मामले में अपनी राय दूँ।

एक अजीब-ओ-ग़रीब दौर से मेरा दिल-ओ-दिमाग़ गुज़र रहा था। बाज़ लोग समझते थे कि अफ़साने लिखकर उनपर मुक़दमे चलवाना मेरा पेशा है। बाज़ कहते थे कि मैं सिर्फ़ इसलिए लिखता हूँ कि सस्ती शोहरत का दिलदादा हूँ और लोगों के सिफ़ली ज़ज़्बात मुशतअल करके अपना उल्लू सीधा करता हूँ। मुझपर चार मुक़दमे चल चुके हैं। उन चार उल्लुओं को सीधा करने में जो ख़म मेरी कमर में पैदा हुआ, उसको कुछ मैं ही जानता हूँ।

माली हालत कुछ पहले ही कमज़ोर थी। आस-पास के माहौल ने जब निकम्मा कर दिया तो आमदनी के महदूद ज़राय और भी सिकुड़ गये। एक सिर्फ़ मकतबा जदीद लाहौर के चौधरी ब्रादरान थे जो मक़दूर भर मेरी इमदाद कर रहे थे। ग़म ग़लत करने के लिए ज़ब मैंने कसरत से शराब-नोशी शुरू की तो उन्होंने चाहा कि अपना हाथ रोक लें। मगर वह इतने मुख़लिस थे कि मुझे नाराज़ करना नहीं चाहते थे।

उस ज़माने में मेरी किसी से ख़त-ओ-किताबत नहीं थी। दरअसल मेरा दिल बिलकुल उचाट हो चुका था। अक्सर घर से बाहर रहता और अपने शराबी दोस्तों के घर पड़ा रहता। जिनका अदब से दूर का भी वास्ता नहीं था। उनकी सोहबत में रहकर मैं जिस्मानी-ओ-रूहानी ख़ुदकुशी की कोशिश में मसरूफ़ था।

एक दिन मुझे किसी और के घर के पते से एक ख़त मिला। तहसीन पिक्चर्ज़ के मालिक की तरफ़ से था। लिखा था कि मैं फ़ौरन मिलूँ। बम्बई से उन्हें मेरे बारे में कोई हिदायत मौसूल हुई है। सिर्फ़ यह मालूम करने के लिए कि यह हिदायत भेजने वाला कौन है। मैं तहसीन पिक्चर्ज़ वालों से मिला। मालूम हुआ कि बम्बई से श्याम के पे-दर-पे उन्हें कई तार मिले हैं कि मुझे ढूँढ़ कर पाँच सौ रुपये दे दिये जायें। मैं जब दफ़्तर में पहुँचा तो वह श्याम के ताज़ा ताकीदी तार का जवाब लिख रहे थे कि तलाश-ए-बिसयार के बावजूद उन्हें मंटो नहीं मिल सका।

मैंने पाँच सौ रुपये ले लिये और मेरी मख़मूर आँखों से आँसू आ गये।

मैंने बहुत कोशिश की कि श्याम को ख़त लिख कर उसका शुक्रिया अदा करूँ और पूछूँ कि उसने मुझे पाँच सौ रुपये क्यों भेजे थे। क्या उसको इल्म था कि मेरी माली हालत कमज़ोर है। इस ग़रज़ से मैंने कई ख़त लिखे और फाड़ दिये। ऐसा महसूस होता कि मेरे लिखे हुए अल्फ़ाज़ श्याम के उस जज़्बे का मुँह चिढ़ा रहे हैं जिसके ज़ेर-ए-असर उसने मुझे ये रुपये रवाना किये थे।

पिछले साल जब श्याम अपनी ज़ाती फ़िल्म की नुमाइश के सिलसिले में अमृतसर आया तो थोड़ी देर के लिए लाहौर भी आ गया। यहाँ उसने बहुत से लोगों से मेरा अता-पता पूछा। मगर उस दौरान में इत्तफ़ाक़ से मुझे ही मालूम हो गया कि वह लाहौर में मौजूद है। मैं उसी वक़्त दौड़ा उस सिनेमा पहुँचा, जहाँ वह एक दावत

खा के आ रहा था।

मेरे साथ रशीद इत्रे था। श्याम का पूने का पुराना दोस्त। जब मोटर सिनेमा के सेहन में दाख़िल हुई तो श्याम ने मुझे और रशीद को देख लिया। एक ज़ोर का नारा उसने बुलन्द किया। उसने ड्राइवर से मोटर रोकने के लिए बहुत कहा। मगर उसके इस्तक़बाल के लिए इस क़दर हुजूम था कि ड्राइवर न रुका। मोटर से निकल कर पुलिस की मदद से श्याम और ओम एक ही क़िस्म का लिबास और सिर पर सफ़ेद पानामा हैट पहने सिनेमा के अन्दर पिछले दरवाज़े से दाख़िल हुए। बड़े दरवाज़े से हम अन्दर पहुँचे। श्याम—वही श्याम था। मुस्कराता, हँसता और क़हक़हे लगाता श्याम।

दौड़कर हम दोनों से लिपट गया। फिर इस क़दर शोर मचा कि हम में से कोई भी मतलब की बात न कर सका। ऊपर-तले इतनी बातें हुई कि अम्बारा लग गये और हम उनके नीचे दब के रह गये। सिनेमा से फ़ारिग़ हो कर उसे एक फ़िल्म डिस्ट्रीब्यूटर के दफ़्तर में जाना था। हमें भी अपने साथ ले गया। यहाँ जो बात भी शुरू होती फ़ौरन ही कट जाती। लोग धड़ाधड़ आ रहे थे। नीचे बाज़ार में हुजूम शोर-बरपा कर रहा था कि श्याम दर्शन देने के लिए बाहर बालकनी में आ जाये।

श्याम की हालत अजीब-ओ-ग़रीब थी। उसको लाहौर में अपनी मौजूदगी का शदीद एहसास था। उस लाहौर में जिसकी मुतअदिद सड़कों पर उसके रोमानों के छींटे बिखरा करते थे। उस लाहौर में जिसका फ़ासला अब अमृतसर से हज़ारों मील हो गया था और उसका रावलपिण्डी कहाँ था, जहाँ उसने अपने लड़कपन के दिन गुज़ारे थे? लाहौर, अमृतसर और रावलपिण्डी सब अपनी-अपनी जगह पर थे। वे दिन नहीं थे। वे रातें नहीं थीं जो श्याम यहाँ छोड़ गया था। सियासत के गोरकन ने उन्हें मालूम कहाँ दफ़्न कर दिया था।

श्याम ने मुझसे कहा मेरे साथ-साथ रहो। मगर उसके दिल-ओ-दिमाग़ की मुज़्तरिब कैफ़ियत के एहसास ने मुझे साथ परागंदा कर दिया। उससे यह वादा करके कि रात को उससे फ़्लैटी होटल में मिलूँगा। चला गया।

श्याम से इतनी देर के बाद मुलाक़ात हुई थी मगर ख़ुशी के बजाय एक अजीब क़िस्म की घुटी-घुटी कोफ़्त महसूस हो रही थी। तबीयत में इस क़दर झुँझलाहट थी कि जी चाहता था किसी से ज़बरदस्त लड़ाई हो जाय। ख़ूब मार-कुटाई हो और मैं थक कर सो जाऊँ। घुटन का तजज़िया किया तो कहाँ का कहाँ पहुँच गया। एक ऐसी जगह जहाँ ख़यालात के सारे धागे बुरी तरह आपस में उलझ गये। उससे तबीयत और भी झुँझला गयी और फ़्लैटीज़ में जा कर मैंने एक दोस्त के कमरे में पीना शुरू कर दी।

नौ साढ़े नौ के क़रीब शोर सुनने पर मालूम हुआ कि श्याम आ गया है। उसके कमरे में मिलने वालों की वैसी ही भीड़ थी। थोड़ी देर वहाँ बैठा मगर खुलकर कोई

बात न हुई। ऐसा मालूम होता था कि हम दोनों के जज़्बात में ताले लगाकर चाबियाँ किसी ने एक बहुत बड़े गुच्छे में पिरो दी थीं। हम दोनों उस गुच्छे में से एक-एक चाबी निकाल कर यह ताले खोलने की कोशिश करते और नाकाम रहते थे।

मैं उकता गया। डिनर के बाद श्याम ने बड़ी जज़्बाती क़िस्म की तक़रीर की। मगर मैंने उसका एक लफ़्ज़ तक न सुना। मेरा अपना दिमाग बड़े ऊँचे सुरों में जाने क्या बक रहा था। श्याम ने अपनी बकवास ख़त्म की तो लोगों ने भरे पेट के साथ तालियाँ पीटीं। मैं उठकर कमरे में चला आया। वहाँ फ़ज़ली बैठे थे। उनसे एक मामूली बात पर चख़ हो गयी। श्याम आया तो उसने कहा, "ये सब लोग हीरामण्डी जा रहे हैं। चलो आओ तुम भी चलो।"

मैं क़रीब-क़रीब रो दिया। "मैं नहीं जाता। तुम जाओ और तुम्हारे ये लोग जायें।"

"तो मेरा इन्तज़ार करो—मैं अभी आया।"

ये कहकर श्याम हीरामण्डी जाने वाली पार्टी के साथ चला गया। मैंने श्याम को और फ़िल्मी सनअत से मुताल्लिक़ तमाम लोगों को मोटी-मोटी गालियाँ दीं और फ़ज़ली से कहा, "मेरा ख़याल है आप तो यहाँ इन्तज़ार करेंगे। अगर तकलीफ़ न हो तो आज़-राह-ए-करम अपनी मोटर में मुझे मेरे घर तक छोड़ आइए।"

रात भर ऊट-पटाँग ख़्वाब देखता रहा। श्याम से कई मर्तबा लड़ाई हुई। सुबह दूध वाला आया तो मैं खोखले गुस्से में उससे कह रहा था, "तुम बिलकुल बदल गये हो...उल्लू के पट्ठे, कमीने, ज़लील...तुम हिन्दू हो।"

नींद खुली तो मैंने महसूस किया कि मेरे मुँह से एक बहुत बड़ी गाली निकल गयी है, लेकिन जब मैंने ख़ुद को अच्छी तरह टटोला तो यक़ीन हो गया कि वह मेरा मुँह नहीं था, सियासत का भोंपा था जिससे यह गाली निकली थी। उसके मुताल्लिक़ सोचते हुए मैंने दूध वाले से दूध लिया, जिसमें एक चौथाई पानी था। उस ख़याल ने मुझे ढारस दी कि श्याम हिन्दू था। मगर पानी मिला हिन्दू नहीं था।

अर्सा हुआ अब तक़सीम पर हिन्दू-मुसलमानों में खूँरेज़ जंग जारी थी और तरफ़ैन के हज़ारों आदमी रोज़ाना मरते थे। श्याम और मैं रावलपिण्डी से भागे हुए एक सिक्ख ख़ानदान के पास बैठे थे। उसके अफराद अपने ताज़ा ज़ख़्मों की रूदाद सुना रहे थे, जो बहुत ही दर्दनाक थी। श्याम मुतास्सिर हुए बग़ैर न रह सका। वह हलचल जो उसके दिल-ओ-दिमाग़ में मच रही थी, उसको मैं बख़ूबी समझता था। जब हम वहाँ से रुख़सत हुए तो मैंने श्याम से कहा, "मैं मुसलमान हूँ, क्या तुम्हारा जी नहीं चाहता कि मुझे क़त्ल कर दो।"

श्याम ने बड़ी संजीदगी से जवाब दिया। "इस वक़्त नहीं—लेकिन उस वक़्त जबकि मैं मुसलमानों के ढाए हुए मज़ालिम की दास्तान सुन रहा था—मैं तुम्हें क़त्ल कर सकता था।"

श्याम के मुँह से यह सुन कर मेरे दिल को ज़बरदस्त धक्का लगा। उस वक़्त शायद मैं भी उसे क़त्ल कर सकता। मगर बाद में जब मैंने सोचा और उस वक़्त और इस वक़्त में ज़मीन-ओ-आसमान का फ़र्क़ महसूस किया तो उन तमाम फ़सादात का नफ़्सायाती पसमंज़र मेरी समझ में आ गया जिसमें रोज़ाना सैकड़ों बेगुनाह हिन्दू और मुसलमान मौत की घाट उतारे जा रहे थे।

इस वक़्त नहीं—उस वक़्त हाँ...क्यों? आप सोचिए तो आपको इस क्यों के पीछे इन्सान की फितरत में इस सवाल का सही जवाब मिल जायेगा।

बम्बई में भी फ़िर्क़ा वाराना कशीदगी दिन-ब-दिन बढ़ती चली जा रही थी। बम्बई टॉकीज़ की इनान-ए-हुकूमत जब अशोक और वाचा ने सँभाली तो बड़े-बड़े ओहदे इत्तफ़ाक़ से मुसलमानों के हाथ में चले गये। उससे बम्बई टॉकीज़ के हिन्दू स्टाफ़ में नफ़रत और गुस्से की लहर दौड़ गयी। वाचा को गुमनाम ख़त मौसूल होने लगे। जिसमें स्टूडियो को आग लगाने और मरने-मारने की धमकियाँ होती थीं। अशोक और वाचा दोनों को उनकी कोई परवाह नहीं थी। लेकिन कुछ ज़कीउल हिस होने के बायस और कुछ मुसलमान होने की वजह से हालात की नज़ाकत को बहुत ज़्यादा अहमियत दे रहा था। कई मर्तबा मैंने अशोक और वाचा से अपनी तशवीश का इज़हार किया और उनको राय दी कि वह मुझे बॉम्बे टॉकीज़ से अलग कर दें। क्योंकि हिन्दू यह समझते थे कि सिर्फ़ मेरी वजह से मुसलमान वहाँ दाख़िल हो रहे हैं। मगर उन्होंने कहा कि मेरा दिमाग़ ख़राब है।

दिमाग़ मेरा वाक़ई ख़राब हो रहा था। बीवी-बच्चे पाकिस्तान में थे। जब वह हिन्दोस्तान का एक हिस्सा था तो मैं उसे जानता था। उसमें वक़तन-फ़वक़्तन जो हिन्दू-मुस्लिम फ़सादात होते रहते थे, मैं उनसे भी वाक़िफ़ था। मगर अब उस ख़ता-ए-ज़मीन को नये नाम ने क्या बना दिया था, उसका मुझे इल्म नहीं था। अपनी हुकूमत क्या होती है? उसकी तस्वीर भी कोशिश के बावजूद मेरे ज़ेहन में नहीं आती थी।

चौदह अगस्त का दिन मेरे सामने बम्बई में मनाया गया। पाकिस्तान और हिन्दोस्तान दोनों आज़ाद मुल्क क़रार दिये गये थे। लोग बहुत मसरूर थे। मगर क़त्ल और आग की वारदातें बाक़ायदा जारी थीं। हिन्दोस्तान जिन्दाबाद के साथ-साथ पाकिस्तान ज़िन्दाबाद के नारे भी लगते थे। कांग्रेस के तिरंगे के साथ इस्लामी परचम भी लहराता था। पंडित जवाहर लाल नेहरू और क़ायद-ए-आज़म मुहम्मद अली जिन्ना दोनों के नारे बाज़ारों और सड़कों में गूँजते थे। समझ में नहीं आता था कि हिन्दोस्तान अपना वतन है या पाकिस्तान और वह लहू किस का है, जो हर रोज़ इतनी बेदर्दी से बहाया जा रहा है। वे हड्डियाँ कहाँ जलाई या दफ़न की जायेंगी, जिन पर से मज़हब का गोश्त-पोस्त चीलें और गिद्ध नोच-नोच कर खा गये थे। अब कि हम आज़ाद हुए हैं, हमारा ग़ुलाम कौन होगा—जब ग़ुलाम थे तो आज़ादी का

तसव्वुर कर सकते थे। अब आज़ाद हुए हैं तो ग़ुलामी का तसव्वुर क्या होगा। लेकिन सवाल यह है कि हम आज़ाद भी हुए हैं या नहीं।

हिन्दू और मुसलमान धड़ाधड़ मर रहे थे। कैसे मर रहे थे क्यों मर रहे थे—इन सवालों के मुख़्तलिफ़ जवाब थे। हिन्दोस्तानी जवाब, पाकिस्तानी जवाब, अंग्रेज़ी जवाब। हर सवाल का जवाब मौजूद था। मगर उस जवाब में हक़ीक़त तलाश करने का सवाल पैदा होता, तो इसका जवाब न मिलता। कोई कहता इसे ग़दर के खँडरात में तलाश करो, कोई कहता नहीं यह ईस्ट इण्डिया कम्पनी की हुकूमत में मिलेगा। कोई और पीछे हटकर मुग़लया ख़ानदान की तारीख़ में टटोलने के लिए कहता। सब पीछे-ही-पीछे हटते जाते थे और क़ातिल और सफ़्फ़ाक बराबर आगे बढ़ते जा रहे थे और लहू और लोहे की ऐसी तारीख़ लिख रहे थे जिसका जवाब तारीख़-ए-आलम में कहीं भी नहीं मिलता।

हिन्दोस्तान आज़ाद हो गया था। पाकिस्तान आलम-ए-वुजूद में आते ही आज़ाद हो गया था लेकिन इंसान इन दोनों मुमल्कतों में ग़ुलाम था तास्सुब का ग़ुलाम ...मज़हबी जुनून का ग़ुलाम है...वानियत-ओ-बरबरियत का ग़ुलाम—

मैंने बॉम्बे टॉकीज़ जाना छोड़ दिया। अशोक और वाचा आते तो मैं ख़राबी-ए-तबियत का बहाना कर देता। इसी तरह कई दिन गुज़र गये। श्याम मुझे देखता और मुस्करा देता। उसको मेरी क़ल्बी कैफ़ियत का बख़ूबी इल्म था। कुछ दिन बहुत ज़्यादा पी कर मैंने शग़ल भी छोड़ दिया था। सारा दिन गुमसुम सोफे पर लेटा रहता। एक दिन श्याम स्टूडियो से आया, तो उसने मुझे लेटा देख कर मज़ाहिया अन्दाज़ में कहा, “क्यों ख़्वाजा, जुगाली कर रहे हो?”

मुझे बहुत झुंझलाहट होती थी कि श्याम मेरी तरह क्यों नहीं सोचता। उसके दिल-ओ-दिमाग़ में वह तूफ़ान क्यों बरपा नहीं है, जिनके साथ मैं दिन-रात लड़ता रहता हूँ। वह उसी तरह मुस्कराता, हँसता और शोर मचाता रहता। मगर शायद वह इस नतीजे पर पहुँच चुका था कि जो फ़ज़ा उस वक़्त गिर्द-ओ-पेश थी उसमें सोचना बिलकुल बेकार था।

मैंने बहुत ग़ौर-ओ-फ़िक्र किया। मगर कुछ समझ में न आया। आखिर तंग आकर मैंने कहा हटाओ चलें यहाँ से—श्याम की नाइट शूटिंग थी। मैंने अपना असबाब वग़ैरा बाँधना शुरू कर दिया। सारी रात उसी में गुज़र गयी। सुबह हुई तो श्याम शूटिंग से फ़ारिग़ हो कर आया। उसने मेरा बँधा हुआ असबाब देखा, तो सिर्फ़ मुझसे इतना पूछा, “चले?”

मैंने भी सिर्फ़ इतना ही कहा, “हाँ।”

इसके बाद मेरे और उसके दरमियान 'हिजरत' के मुताल्लिक़ कोई बात न हुई बक़ाया सामान रखवाने में उसने मेरा हाथ बँटाया। उस दौरान में रात की शूटिंग के लतीफ़े बयान करता रहा और ख़ूब हँसता रहा। जब मेरे रुख़सत होने का वक़्त आया

तो उसने अलमारी में से ब्राण्डी की बोतल निकाली। दो पेग बनाये और एक मुझे देकर कहा, "हिप टुल्ला।"

मैंने जवाब में हिट टुल्ला कहा और उसने क़हक़हे लगाते हुए मुझे अपने चौड़े सीने के साथ भींच लिया। "सुअर कहीं के।"

मैंने अपने आँसू रोके "पाकिस्तान के।"

श्याम ने पुर खुलूस नारा बुलन्द किया—"जिन्दाबाद पाकिस्तान।"

"ज़िन्दाबाद हिन्दोस्तान।" और मैं नीचे चला गया, जहाँ ट्रक वाला मेरा इन्तज़ार कर रहा था।

बन्दरगाह तक श्याम मेरे साथ गया। जहाज़ चलने में काफ़ी देर थी। वह इधर-उधर के लतीफ़े सुनाकर मेरा दिल बहलाता रहा। जब विसिल हुआ तो उसने हिपटुल्ला कहकर मेरा हाथ दबाया और "गेंग वे" से नीचे उतर गया—मुड़कर उसने मेरी तरफ़ न देखा और मज़बूत क़दम उठाता बन्दरगाह से बाहर चला गया।

मैंने लाहौर पहुँच कर उसको ख़त लिया। उन्नीस एक अड़तालीस को उसका जवाब आया :

> यहाँ तुम्हें सब लोग याद करते हैं। तुम्हारी और तुम्हारी बज़्ला संजी की ग़ैर मौजूदगी महसूस करते हैं जो तुम बड़ी फ़राख़दिली से उन पर ज़ाया करते थे। 'वाचा' अभी तक इस बात पर मुसिर है कि तुम कन्नी कतरा गये। अब की दफ़ा उसको इत्तिला दिये बग़ैर पाकिस्तान भाग कर। अजीब मुतनक़िज़ बात है कि वह जो बॉम्बे टॉकीज में मुसलमानों के दाख़िले की मुख़ालफ़त में सबसे आगे था। सबसे पहला आदमी था, जो पाकिस्तान भाग कर चला गया—ख़ुद को अपने नज़रिये का शहीद बनाते हुए—यह वाचा का अपना नज़रिया है। मुझे उम्मीद है कि तुमने उसको ज़रूर ख़त लिखा होगा। अगर नहीं लिखा तो फ़ौरन लिखो। कम-अज़-कम शराफ़त का यही तक़ाजा है।
>
> तुम्हारा—श्याम

आज चौदह अगस्त है। वह दिन जब पाकिस्तान और हिन्दोस्तान आज़ाद हुए थे। इधर और उधर दोनों तरफ़ खुशियाँ मनाई जा रही हैं और साथ-ही-साथ हमले और दफ़अ की तैयारियाँ भी ज़ोर शोर से जारी हैं—मैं श्याम की रूह से मुख़ातिब होता हूँ, "प्यारे श्याम मैं बॉम्बे टॉकीज़ छोड़ कर चला गया था। क्या पण्डित जवाहर लाल नेहरू कश्मीर नहीं छोड़ सकते—है ना हिप टुल्ला बात?"

बाबू राव पटेल

ग़ालिबन सन अड़तीस की बात है कि बाबू राव से मेरी मुलाक़ात हुई। मैं उन दिनों हफ़्तावार 'मुसव्विर' एडिट किया करता था, तनख़्वाह वाजिबी थी यानी कुछ चालीस रुपये माहवार। 'मुसव्विर' का मालिक नज़र लुधियानवी चाहता था कि मेरी उस आमदनी में कुछ इज़ाफ़ा हो जाय। चुनांचे उसने मेरा तारुफ़ बाबू राव पटेल एडीटर फिल्म इण्डिया से कराया।

इससे पहले कि मैं अपनी उस मुलाक़ात का हाल बयान करूँ मुनासिब मालूम होता है कि मैं यह बताऊँ कि फ़िल्म-इण्डिया मारिज़-ए-वजूद में कैसे आया। आपको याद होगा, एक जमाना था जब पूना की प्रभात कम्पनी अपने पूरे उरूण पर थी, 'अमृत मंथन' और 'अमर ज्योति' जैसे अमर फ़िल्म पेश करके उसने हिन्दोस्तान के इकनाफ़-ओ-इतराफ़ मैं ग़ैरमामूली शोहरत हासिल कर ली थी, अब वह एक मामूली इरादा नहीं रहा था बल्कि 'प्रभात नगर' में तब्दील हो चुका था। जिसका हर रुक्न अज़्म-ओ-इजतहाद के नशे में मख़मूर था। शान्ता राम सैयद फ़तह लाल घायर—सबको एक ही लगन थी कि उनकी कम्पनी फ़न और टैक्निक में सबको पीछे छोड़ जाय।

उसी ज़माने में जबकि 'प्रभात' वुसअत इख़्तियार कर रही थी और हामला औरत की तरह ख़ूबसूरत और बा-वक़ार थी, उसने अपने वतन से तीन बच्चे पैदा किये।

1. फ़ेमस पिक्चर्ज़ जो प्रभात के फिल्मों का वाहिद तक़सीमकार इदारा मुकर्रर हुआ, उसके मालिक बाबू राव पायी थे।

2. बी.पी. सामन्त एण्ड कम्पनी। इश्तिहारों के तक़सीम कार। प्रभात के तमाम फ़िल्मों की नश्र-ओ-अशाअत का काम उस इदारे के सिपुर्द हुआ।

3. न्यू जैक प्रिण्टिंग प्रेस—गुमनाम-सा प्रेस था। उसके मालिक 'पारकर' थे। उनको प्रभात ने अपने तमाम पोस्टरों, दस्ती इश्तिहारों और किताबचों की छपायी का काम तफ़वीज़ कर दिया।

फ़िल्म इण्डिया, न्यू जैक प्रिण्टिंग वर्क्स से पैदा हुआ 'पारकर' बाबू राव का दोस्त था। मामूली-सा पढ़ा-लिखा आदमी। उन दोनों ने मिलकर प्लान बनाया। प्रेस मौजूद था। काग़ज़ भी दस्तयाब हो सकता था क्योंकि उन दिनों बहुत सस्ता था। बी.पी.

सामन्त कम्पनी मौजूद थी। उससे प्रभात फ़िल्म कम्पनी के अलावा दूसरी फ़िल्म कम्पनियों के इश्तिहार मिल सकते थे। ज़ाहिर है कि सब लवाज़िम मौजूद थे—और बाबू राव बड़ा मेहनती आदमी है और दक़ीक़ा-रस भी। इसके अलावा वह ख़्वाब देखने वाला आदमी नहीं। अंग्रेज़ी मुहावरे के मुताबिक़ वह कील के सिर पर चोट लगाना जानता है। चुनांचे जब फ़िल्म इण्डिया का पहला पर्चा शाया हुआ तो वाक़अः हैं हिन्दोस्तान में फ़िल्मी सहाफ़त का एक नया और अनोखा दौर शुरू हुआ।

बाबू राव के क़लम में फ़साहत थी, बलाग़त थी, गुण्डों की-सी कज-कुलाही भी थी इसके अलावा उसमें एक नाक़बिल-ए-नकल तंज़ और मज़ाह था एक ज़हर था जो मैं समझता हूँ यहाँ हिन्दोस्तान में किसी अंग्रेज़ी लिखने वाले अदीब के क़लम को नसीब नहीं हुआ।

बाबू राव के क़लम की जिस ख़ूबी ने उसकी धाक जमाई वह उसका नोकीला, बहुत ही नोकीला तंज़ था, जिसमें हल्का-सा भी शामिल था। इस सिन्फ़ से हिन्दोस्तानी आँखें बिलकुल ना-आशना थीं। इसलिए उसकी तहरीरें लोगों के लिए चाट का मज़ा देने लगीं।

बाबू राव बड़े ठस्से का आदमी है। उसने अपना दफ़्तर अपालो स्ट्रीट की मुबारक बिल्डिंग के एक वसी-ओ-अरीज़ फ़्लैट में क़ायम किया और उसे हर मुमकिन तरीक़े से बा-रोब बनाया।

मुबारक बिल्डिंग के उसी वसी-ओ-अरीज़ दफ़्तर में बाबू राव से मेरी पहली मुलाक़ात हुई। उस वक़्त तक "फिल्म इण्डिया" के ग़ालिबन सात-आठ शुमारे निकल चुके थे, जो मैं "मुसव्विर" के दफ़्तर में देख चुका था और मुतास्सिर हुए बग़ैर न रह सका था।

मेरा ख़याल था ऐसी सुथरी अंग्रेज़ी लिखने वाला और नोकीले तंज़ का मालिक दुबला-पतला और तीखे-तीखे नक़्शों वाला आदमी होगा, मगर जब मैंने एक जाट को एक जहाजी मेज़ के पास घूमने वाली कुर्सी पर बैठे देखा तो मुझे सख़्त नाउम्मीदी हुई। उसके चेहरे का कोई नक़्श, कोई ख़त ऐसा नहीं था जिसमें उसके क़लम का हल्का-सा अक्स भी नज़र आ सके। छोटी-छोटी आँखें, चौड़ा-चकला चेहरा, मोटी नाक, बड़ा वाहियात लब-दहान, दाँत बदनुमा—लेकिन पेशानी बड़ी।

जब वह मुझसे हाथ मिलाने के लिए उठा, तो मुझे मालूम हुआ कि वह मुझसे ऊँचा है यानी काफ़ी दराज़ क़द है। मज़बूत डील-डौल, लेकिन जब उसने हाथ मिलाया तो गिरफ़्त बड़ी ढीली और जब उस ने उर्दू में बातचीत शुरू की तो मेरा सारा मज़ा किरकिरा हो गया। गँवारों का-सा लब-ओ-लहजा। बात-बात में बम्बई के मवालियों की तरह साला कहता था और गालियाँ बकता था।

मैंने ख़याल किया, शायद इसलिए कि उसको उर्दू नहीं आती, लेकिन जब उसने टेलीफ़ोन पर किसी से अंग्रेज़ी में गुफ़्तगू शुरू की तो ख़ुदा की क़सम मेरे दिल में

शक पैदा हुआ कि यह शख़्स हर्गिज़-हर्गिज़ वह बाबू राव पटेल नहीं जो फिल्म इण्डिया का इदारिया लिखता था। "बम्बई" रक्म करता है और सवालों के जवाब देता है। मआज़ाल्लाह क्या लब-ओ-लहजा था। ऐसा लगता था कि अंग्रेज़ी, मरहठी में और मरहठी, बम्बई की गँवार बोली में बोल रहा है। यहाँ भी हर फुल-स्टाप के बाद या उससे पहले एक "साला" ज़रूर आता था।

मैंने दिल में कहा—"अगर यही साला बाबू राव पटेल है तो साला मैं सआदत हसन मंटो नहीं हूँ।"

थोड़ी देर गुफ़्तगू हुई। नज़ीर लुधियानवी ने मेरी बहुत तारीफ़ की। उस पर बाबू राव ने कहा—"मुझे मालूम है वह साला आबिद गुल-रेज़ हर हफ़्ते मुझको मुसव्विर पढ़ा के सुना जाता है।" फिर वह मुझसे मुख़ातिब हुआ—"यह साला मंटो क्या हुआ।"

मैंने उसको उसका मतलब समझा दिया।

मामला सिर्फ़ इतना था कि प्रभात के किसी फ़िल्म की "चोपड़ी" यानी किताबचे में जो कहानी का खुलासा था और जिसे बाबू राव ने लिखा था, मुझे उसका उर्दू में तर्जुमा करना था। मैंने यह खुलासा ले लिया और तर्जुमा करके नज़ीर लुधियानवी के हाथ से भिजवा दिया, जो उसने बहुत पसन्द किया।

उसके बाद देर तक मेरी उसकी मुलाक़ात न हुई। मैं दफ़्तर से बहुत कम बाहर निकलता था। फ़िल्म कम्पनियों में मुलाज़मत हासिल करने के लिए दर-ब-दर मारे फिरना, यह मैं उस वक़्त भी अपनी शान के ख़िलाफ़ समझता था।

बाबू राव ने किसी-न-किसी तरह शान्ता राम को उकसाया कि वह "प्रभात" का एक माहाना पर्चा शाया करे, जिसमें वह बिलकुल नये अन्दाज़ से उनकी फिल्म कम्पनी की और उनके फ़िल्मों की पब्लिसिटी करेगा। शान्ता राम गो अनपढ़ था, मगर आर्टिस्ट था और बहुत आला-पाये का, तबीयत में उपज थी फ़ौरन मान गया। बस फिर क्या देर थी "प्रभात" निकल आया और बड़ी शान से बाबू राव ने वाक़ई बड़े अनोखे और प्यारे अन्दाज़ में प्रभात वालों और उनके फिल्मों की पब्लिसिटी की।

नज़ीर लुधियानवी बड़ा वक़्त-शनास और मतलब निकालने वाला आदमी था। फ़ौरन बाबू राव के पास पहुँचा यह स्कीम ले कर कि प्रभात के हर शुमारे के कुछ हिस्से "मुसव्विर" में भी शाया होने चाहिए।

मैं यहाँ एक बात अर्ज़ कर दूँ कि बाबू राव ने चूँकि ख़ुद मुफ़लिसी के दिन देखे हैं, इसलिए वह हाजतमन्दों पर हमेशा मेहरबान हो जाता है। उसको मालूम था कि नज़ीर की माली हालत कोई ज़्यादा अच्छी नहीं, इसलिए वह फ़ौरन उसकी तजवीज़ मान गया। लेकिन उसको शुबह था कि जो कुछ उसने अंग्रेज़ी में लिखा है, उर्दू में मुनतकिल न हो सकेगा। 'नजीर' ने मेरा नाम लिया तो वह किसी क़दर मुतमइन हो गया।

ईमान की बात है मेरा अंग्रेज़ी का इल्म बहुत महदूद है। बाबू राव ने जो कुछ लिखा था वह मेरी समझ से बाला-तर तो न था, मगर उसका उर्दू में मन-ओ-अन तर्जुमा करना बहुत ही दुश्वार था। उसका एक ख़ास तर्ज़ था। अल्फ़ाज़ की नशिस्त-ओ-बरख़्वास्त एक ख़ास ढब की थी। अंग्रेज़ी और अमरीकी दोनों मुहावरे थे। बाज़ अल्फ़ाज़ पर वह खेल-खेल गया था। अब मैं क्या करता। बहुत सोच-विचार के बाद यही बात समझ में आयी कि मज़मून सामने रख लूँ और उसके मफ़हूम को अपने अन्दाज़ और अपनी ज़बान में मुंतक़िल कर दूँ। चुनांचे मैंने यही किया।

जब यह ख़ुराफ़ात छप गयी तो 'नज़ीर' पर्चा ले कर उसके पास गया।

मैं भी उसके साथ था। उसने मुझे देखते ही कहा "साला तू भी बाबू राव बनने की कोशिश करता है।"

मैंने बड़ी संजीदगी के साथ उसको सारी बात समझा दी कि तुम्हारी तहरीर को उर्दू में लाने की सिर्फ़ एक यही सूरत थी—मैं समझता हूँ मैंने जो किया जायज़ है।"

दाएँ हाथ की आखिरी उँगलियों में सिगरेट दबाये ठेठ देहातियों और मवालियों की तरह उसने मुट्ठी बन्द करके ज़ोर का कश लिया और कहने लगा—"साला हमने आबिद गुल-रेज़ से सब सुना। बहुत मज़ा आयी—मैंने उसको कहा—(गाली)—तू तो कहता था कि उर्दू का बहुत बड़ा राइटर है।"

मैं उस दाद से बहुत ख़ुश हुआ। चुनांचे तय हो गया कि आईन्दा तर्जुमे का यह सिलसिला इसी तरह जारी रहेगा—मगर दो ही पर्चों के बाद बन्द हो गया, क्योंकि प्रभात कम्पनी इतनी ज़ायद शाहाना ख़र्च की कफ़ील नहीं हो सकती थी।

मैं ज्यादा तफ़सीलात में नहीं जाना चाहता कि वह मुझे खींचकर और मौजूआत की तरफ़ ले जायेंगी, जो उस दास्तान के रेशों के अन्दर छिपे हुए हैं। मुझे असल में बाबू राव पटेल के मुताल्लिक अपने तासुरात बयान करना है।

चन्द ऐसे वाक़आत हुए कि 'नज़ीर' से मेरे...न न न...अभी नहीं, यह बाद की बात है, जी हाँ—मैंने शादी का इरादा कर लिया। उन दिनों मैं एम्पीरियल फ़िल्म कम्पनी में अस्सी रुपये माहवार पर नौकर हुआ था। यहाँ एक बरस मुलाज़मत की। मगर तनख़्वाह सिर्फ़ आठ महीने की मिली। चार महीने की बाक़ी थी कि उस कम्पनी का दीवाला पिट गया।

यहाँ से मैं सरोज फ़िल्म कम्पनी में चला गया। मगर ऐसा लगता है कि मैं अन्दर दाख़िल हुआ ही था कि कम्पनी ने बन्द होने का इरादा कर लिया था। मुझे यक़ीन होने ही वाला था कि मैं सब्ज-वदम हूँ कि उस कम्पनी के बन्द होने के थोड़े ही अर्सा बाद उसके सेठ ने हाथ-पाँव मार कर उसी चार-दीवारी में एक नयी कम्पनी खड़ी कर दी। यहाँ मैं सौ रुपये माहवार पर मुलाज़िम हुआ। एक कहानी लिखी। यह तीन चौथाई फ़िल्माई भी गयी। उस दौरान में मेरा निकाह हो चुका था। अब सिर्फ़ रुख़सती बाक़ी थी, जिसके लिए मुझे रुपये की ज़रूरत थी ताकि कोई

मामूली-सा फ़्लैट किराये पर ले कर उसे घर में तबदील कर सकूँ। जब रुपये माँगने का वक़्त आया तो सेठ नानू भाई ने साफ़ जवाब दे दिया और कहा मेरी हालत सख़्त ख़राब है। उसकी हालत जो ख़राब थी, सो थी लेकिन यह ग़ौर फ़रमाइए मेरी हालत कितनी ख़राब होगी। मैंने सेठ को सारे वाक़आत से आगाह किया। मगर उसके कान पर जूँ तक न रेंगी। मामला बढ़ गया। तू-तू, मैं-मैं शुरू हुई तो उसने मुझे कम्पनी से निकाल बाहर किया। मेरी इज़्ज़त पर यह साफ़ हमला था। मेरा वक़ार बिलकुल मिट्टी में मिल गया था। चुनांचे मैंने तहयूया कर लिया कि वहीं बाहर सदर दरवाज़े पर बैठ कर भूख हड़ताल शुरू कर दूँगा।

इस मामले की ख़बर किसी-न-किसी तरह बाबू राव तक पहुँच गयी। उसने पहले तो नानू भाई देसाई को फ़ोन पर बहुत गालियाँ दीं। जब उसका कुछ असर न हुआ, तो सीधा स्टूडियो पहुँचा और बारह सौ रुपये का फ़ैसला आठ सौ रुपये में करा दिया, मैंने कहा चलो भागते चोर की लंगोटी ही सही।

मेरा घर बस गया।

हाँ मैं आपसे यह कहना भूल गया, मैं जिस ज़माने में इम्पीरियल फ़िल्म कम्पनी में था उन दिनों वहाँ एक बहुत ही शरीफ़ल-तबह ऐक्टर्स पदमा देवी के नाम से थी। मेरी पहली फ़िल्म "किसान कन्या" (रंगीन) की हीरोइन यही थी। मेरे उसके बड़े दोस्ताना ताल्लुक़ात थे, लेकिन उसका सही यानी जिस्मानी ताल्लुक बाबू राव पटेल से था जो उस पर बड़ी कड़ी निगरानी रखता था।

यहाँ आपको यह बता देना भी मुनासिब मालूम होता है कि बाबू राव पटेल की उस वक़्त दो बीवियाँ थी। उनमें से एक को मैंने देखा है जो डॉक्टर थी।

ख़ैर चन्द ऐसे वाक़आत हुए कि नज़ीर ने मेरी बे-लोस ख़िदमत और दोस्ती ठुकरा दी—हम दोनों अलग हो गये। इसका मुझे अफ़सोस न था। मैं उससे लेता ही क्या था लेकिन फिर भी वह मेरे मकान का किराया जो पचीस रुपये बनता था अदा कर दिया करता था। उन दिनों मैंने रेडियो में भी लिखना शुरू कर दिया था लेकिन अब चूँकि मेरी अकेली जान का सवाल नहीं था इसलिए मैंने सोचा कि बाबू राव से मिलना चाहिए—लेकिन ठहरिए—मैं आगे चला आया। इस दरमियान में मुझे आपसे कुछ और भी कहना था।

मेरी शादी अजीब-ओ-ग़रीब हालात में हुई थी। कुछ ऐसे क़िस्से थे कि मेरे घर में सिवाय मेरी वालिदा के और कोई नहीं था। फिल्म इण्डस्ट्री के तमाम आदमी आ रहे थे। उनकी ख़ातिरदारी कौन करता। एक जयीफ़ औरत बेचारी क्या कर सकती थी।

बाबू राव को कहीं से मालूम हुआ कि मंटो परेशान है तो उस अपनी चहेती रंगीन मलका पद्मा देवी को भेज दिया कि जाओ उसकी वालिदा का हाथ बँटाओ। मुझे अच्छी तरह याद है पद्मा ने मेरी बीवी को शायद कोई ज़ेवर वग़ैरह भी दिया था।

चलिए अब चलते हैं...जी हाँ...जी हाँ, मैं बाबू राव के पास पहुँचा, इसलिए कि वह उर्दू का एक हफ्तावार अख़बार "कारवाँ" भी निकालता था। सिर्फ़ इस ग़र्ज़ से कि आबिद गुलरेज़ के लिए जो उसका दोस्त था रोज़ी का एक वसीला बन जाय। मगर वह एक लाउबाली तबीयत का शायर आदमी था और उन दिनों अख़बार से अलाहिदा हो कर मुकालमा–नवीसी, गूत-निगारी और फ़िल्म-साज़ी के चक्कर में पड़ा था।

मैंने बाबू राव को बर-तरफ़ी का वह नोटिस दिखाया जो मुझे नज़ीर ने भेजा था, उसे देख कर बाबू राव एक लहज़ा के लिए चकरा गया, बहुत बड़ी गाली दे कर उसने सिर्फ़ इतना कहा–"ऐसा?"

मैंने असबात में सिर हिला दिया।

बाबू राव ने फ़ौरन ही कहा–"तो साला तुम इधर क्यों नहीं आ जाता–अपना कारवान है–साले को पूछने वाला ही कोई नहीं।"

मैंने जवाब दिया–"अगर ऐसा है तो मैं तैयार हूँ।"

बाबू राव ने ज़ोर से आवाज़ दी–"रीटा।"

दरवाजा खुला। एक मज़बूत पिण्डलियों और सख़्त छातियों वाली गहरे साँवले रंग की क्रिश्चयन लड़की अन्दर दाख़िल हुई।

बाबू राव ने उसे आँख मारी "इधर आओ।"

वह उसकी कुर्सी के पास चली गयी।

बाबू राव नें कहा–"मुँह उधर करो।"

उसने हुक्म की तामील की।

बाबू राव ने एक ऐसा थप्पा उसके चूतड़ों पर मारा कि उसके कूल्हों का सारा गोश्त हिल गया। "जाओ काग़ज़ पेंसिल लाओ।" लड़की जिसका नाम रीटा कारलायल था और जो बाबू राव की बयक वक़्त सेक्रेट्री, स्टेनो और दाश्ता थी चली गयी और फ़ौरन ही शार्ट हैंड की कापी और पेंसिल ले आयी। बाबू राव मेरे नाम का अपाइंटमेंट लेटर लिखवाने लगा। तनख़्वाह के पास पहुँचा तो रुक गया और मुझसे मुख़ातिब हुआ। "क्यों मंटो कितना चलेगा।" फिर ख़ुद ही कहा–"एक सौ पचास ठीक है।"

मैंने कहा–"नहीं।"

बाबू राव संजीदा हो गया–"देखो मंटो...यह साला कारवाँ ज़्यादा अफोर्ड नहीं कर सकता।"

मैंने कहा–"तुम मेरा मतलब ग़लत समझे हो–मैं साठ रुपये माहवार पर काम करूँगा। इससे कम न इससे ज़्यादा।"

बाबू राव समझा मैं उससे मज़ाक़ कर रहा हूँ, पर जब मैंने उसे यक़ीन दिलाया कि मेरा ऐसा कोई मतलब नहीं तो वह अपने मख़सूस गँवार लहजे में बोला–"साला मैड मुल्ला।"

मैंने उससे कहा—मैं मैड मुल्ला यानी पागल मुल्ला ही सही, लेकिन मैं यह साठ रुपये इसलिए कहे हैं कि मैं वक़्त का पाबन्द नहीं रहना चाहता। जब चाहूँगा आऊँगा। जब चाहूँगा चला आऊँगा, लेकिन कारवाँ वक़्त पर निकलता रहेगा।

बात तय हो गयी।

मैंने बाबू राव के दफ़्तर में ग़ालिबन छह-सात महीने काम किया। उस दौरान में मुझे उसकी अजीब-ओ-ग़रीब शख़्सियत के मुताल्लिक कई बातें मालूम हुईं।

उसको रीटा कारलायल से इश्क़ था और वह समझता था कि दुनिया में और कोई लड़की उसके हुस्न-ओ-जमाल का मुक़ाबला नहीं कर सकती। रीटा कारलायल जैसा कि आम क्रिश्चयन लड़कियों का दस्तूर है जिस रास्ते पर थी चली जा रही थी। लेकिन बाबू राव की वजह से उसका भाव बढ़ गया था।

मुझे यक़ीन है अगर रीटा उर्दू बोल सकती तो वह उसे चन्द दिनों में फ़िल्मी आसमान पर पहुँचा देता। उसको अपने क़लम और उसके ज़ोर पर बहुत नाज़ है। वह समझता है कि मैं अगर लकड़ी का एक टुकड़ा ले लूँ और कहना शुरू कर दूँ कि नृत्य सम्राट है तो यक़ीनन वह चोब बेहरकत नृत्य सम्राट बन जायेगी और लोग उस पर ईमान लायेंगे।

पद्मा देवी गुमनामी के गोशे में पड़ी थी मगर जब उसकी आगोश में आयी, तो उसने उसे "कलर क्वीन" यानी रंगों की मलका बना दिया। उन दिनों फ़िल्म इण्डिया के हर शुमारे में उसके दर्जनों फ़ोटो होते थे, जिनके नीचे वह बड़े चुस्त फ़िक़रे और जुमले लिखता था।

बाबू राव ख़ुद सारख़्ता आदमी है। जो कुछ भी वह उस वक़्त था और जो कुछ वह इस वक़्त है उस के बनाने में किसी का हाथ नहीं। जवानी ही में उसकी अपने बाप से किसी बात पर अनबन हो गयी थी। चुनांचे दोनों के ताल्लुकात मन्क़तअ हो गये। बाबू राव से मैंने जब भी बुड्ढ़े पटेल के बारे में सुना यही सुना कि "वह साला पक्का हरामी है।"

मालूम नहीं उन दोनों में से हरामी कौन है। अगर बुड्ढ़ा पटेल हरामी है (बाबू राव के मानो में) तो ख़ुद बाबू राव भी उस बुड्ढ़े से हरामीपन में जहाँ तक जूतों का ताल्लुक है कई जूते आगे है। अपने और अपने बाप के मिला कर।

बाबू राव के क़लम में जिस नोकीले तंज़ का मैंने ज़िक्र किया है अगर उसके असबाब तलाश किये जायें तो उसकी अवायल ज़िन्दगी में मिल सकते हैं। वह ग़ज़नी का महमूद बन कर क्यों बुत-शिकनी करना चाहता है। इसीलिए कि बचपन में उसके वालिद ने उसकी फ़ितरत तोड़ने और अपने क़ालिब में ढालने की कोशिश की। उसकी शादी की। मगर उसकी मर्ज़ी के ख़िलाफ़—दूसरी शादी उसने ख़ुद की। मगर इस मर्तबा वह ख़ुद धोखा खा गया और चिढ़ गया अपने आप से—हर एक से।

बाबू राव के किरदार के शह-नशीनों में कई बुत औंधे और शिकस्ता पड़े हैं। कई बुड्ढ़े हरामी हैं। सैंकड़ों बाज़ारी टखयाइयाँ हैं। लेकिन उन बुतों को तोड़-फोड़ कर उसे वह लज़्ज़त हासिल नहीं हुई जो सोमनाथ का मन्दिर ढा का ग़ज़नी के महमूदे को हुई थी।

वह ऊँचे स्थान पर किसी को बैठे हुए नहीं देख सकता, लेकिन जो ज़मीन पर गिरा होगा उसको उठाने के लिए वह कई कोस चल के आयेगा। उस को ऊँचा करने के लिए वह एड़ी-चोटी का ज़ोर लगा देगा और जब वह उफ़तादह शख़्स उसकी मदद से और अपनी मेहनत से बुलन्द मक़ाम हासिल करने में कामयाब हो जायेगा, तो वह उसको गिराने की कोशिश करेगा।

बाबू राव मजमूआ-ए-अज़दाद है।

एक ज़माना था कि शान्ता राम उसके नज़दीक दुनिया का सबसे बड़ा फ़िल्म-डायरेक्टर था। एक वह ज़माना आया कि उसने उसी शान्ता राम के फ़िल्मों में बल्कि उसके किरदार में भी कीड़े डालने शुरू कर दिये। 'कारदार' के वह सख़्त ख़िलाफ़ था। लेकिन बाद में बाबू राव को उसकी हर अदा पसन्द आने लगी। बँटवारा हुआ तो वह फिर उसके ख़िलाफ़ हो गया। उसका स्टूडियो और उसकी जायदाद ज़ब्त कराने के लिए उसने एड़ी-चोटी का ज़ोर लगा दिया। लेकिन ग़रीब की क़िस्मत अच्छी थी कि बाल-बाल बच गया।

बीच में एक ज़माना आया कि उसने बबांग-ए-दहल एलान कर दिया कि फ़िल्म साज़ी सिर्फ़ 'मियाँ भाई (मुसलमान) जानते हैं। जो रख-रखाव जो सलीक़ा और क़रीना मुसलमान फ़िल्म डायरेक्टरों' को वदीयत हुआ है, वह किसी हिन्दू फ़िल्म साज के हिस्से में नहीं आ सकता। मैं वह दिन भी जानता हूँ जब पृथ्वीराज को वह एक हक़ीर कीड़ा समझता था और वह दिन भी याद है जब किशोर साहू उसे बहुत खलता था।

बाबू राव पर दौरे पड़ते हैं। नफ़सियाती तौर पर उसका दिमाग़ बिलकुल दुरुस्त नहीं। वह एक बहकी हुई, भटकी हुई ताक़त है—एक अन्धी ताकत जो कभी उधर अपना सिर फोड़ती रहती है—वह एक ऐसा आर्टिस्ट है जो अपने ज़ोम में गुमराह हो गया है।

मैं जब "कारवाँ" में था, तो फ़िल्म-इण्डिया में मेरी जहानत-ओ-जकावत के चर्चे आम होते थे। वहाँ से निकला तो में "यह मंटो कौन है—जाने कौन बला है" हो गया। लेकिन थोड़े ही अर्से के बाद जब मेरा फिल्म "आठ दिन" पेश हुआ तो उसने उसके रिव्यू में अपनी टोपी उतार कर मुझे सलाम किया और कहा कि मंटो हमारे मुल्क का मुनफ़रिद ज़हीन अफ़साना-निगार है।

जब बाबू राव प्रभात फिल्म कम्पनी से मुन्सलिक था तो शान्ता आपटे हिन्दोस्तान की ख़ूबसूरत तरीन फ़िल्म ऐक्टर्स थी। वहाँ से अलाहिदा हुआ तो वह

एकदम बदूसरत हो गयी। उसके ख़िलाफ़ उसने काफ़ी ज़हर "फिल्म-इण्डिया" में उगला। मगर वह भी मरहठे की बच्ची है। एक रोज़ सवारी का लिबास पहने बाबू के दफ़्तर में घुस गयी और सड़ाप-सड़ाप छह सात हंटर उसके जड़ दिये।

सुना था कि ऊँट की कोई कल सीधी नहीं होती थी। ऊँट के बाद दर्जा बाबू राव पटेल का आता है। उसकी भी कोई कल सीधी नहीं—अर्सा हुआ बम्बई की अंग्रेज़ी सहाफ़त के बाबा मिस्टर बी.जी. हार्नी मेन (मरहूम) ने "बम्बई सेंटीनल" के ख़ास कालमों में चन्द फ़िकरे बाबू राव पर चुस्त कर दिये।

बाबू राव को बड़ा ताव आया। उसने झट हतक इज्ज़त का मुक़द्दमा दायर कर दिया। अस्सी बरस का गर्ग-ए-जहांदीदा हार्नी मैन बहुत हँसा। उसने एक दोस्त के ज़रिये से बाबू राव को यह पैग़ाम पहुँचवाया कि देखो अगर तुम चाहते हो कि मैं लड़ू तो में तैयार हूँ। लेकिन अगर तुम अपनी ख़ैरियत चाहते हो तो दो हज़ार की रक़म दाहिने हाथ से भेजवा दो, ताकि मैं ख़ामोश रहूँ।

बाबू राव को और ताव आया, पर जब उस ने ठण्डे दिल से ग़ौर किया और बुड्ढे हार्नी मैन के कारनामों पर नज़र डाली तो दो हज़ार रुपये उसकी नज़र कर दिये।

वह बेवकूफ़ है—पहले दर्जे का अहमक़ है, वरना उसके दिल में इंसानियत की रमक़ मौजूद है। वह निरा खरा हैवान नहीं। ग़रीबों का हमदर्द है। मुझे अच्छी तरह याद है एक मर्तबा उसने एक बात पर तूफ़ान बर्पा कर दिया था।

बम्बई में जो ऊँची इमारतें हैं उनमें लिफ़्ट लगी हैं। सीढ़ियाँ भी होती हैं। सबको यह लिफ़्टें इस्तेमाल करने की इजाज़त है, लेकिन ग़रीब डाकियों को नहीं। अगर सिर्फ़ पाँचवीं मंज़िल के लिए खत हो तो उसे पूरा कुतुब साहब चढ़ना और उतरना पड़ेगा। बाबू राव ने बहुत तूफान मचाया और उस ख़िलाफ़-ए-इंसानियत हुक्म के ख़िलाफ़ बहुत देर तक सदा-ए-एहतजाज बुलन्द की और आख़िर उसे मन्सूख़ करा के रहा।

उसने हिन्दोस्तानी सनअत-ए-फिल्मसाज़ी की सतह बुलन्द करने में क़ाबिल-ए-सताइश ख़िदमात सर अंजाम दी है। गैर मुल्की फिल्म साज़ों से जो हिन्दोस्तान, हिन्दोस्तानी रवायात और ख़ुद हिन्दोस्तानियों का मज़हका उड़ाया करते थे। उसका उसने तुर्की-ब-तुर्की जवाब दिया। योरप का दौरा किया और उन लोगों को उनकी हिमाक़तों से आगाह किया।

वह कई बच्चों का बाप है। दर्जनों तो नहीं होंगे, लेकिन एक दर्जन के क़रीब ज़रूर होंगे। क्योंकि एक दिन जब मैं उसके घर गया था तो उसने अपने तमाम बच्चों को "फ़ाल इन" का हुक्म दिया। बाबू राव उन सबका शफ़ीक़ बाप है। मगर—

बस इसी मगर के बाद वह बाबू राव शुरू होता है जिसका आगाज़ और उसके बाद का कुछ हिस्सा मैंने देखा था। तामीर-ओ तासीस, अज़मत-ओ-बुज़ुर्गी के ख़िलाफ़ जो हल्की-सी क़दायस की तहरीरों में झल्कियाँ लेती थी और आहिस्ता-आहिस्ता

नुमायाँ हो रही थी, अब अपने पूरे भयानक लिबास में जलवागर है।

महमूद ग़ज़नवी की बुत शिकनी का वह हल्का-सा परतव, जो उसके दिल-ओ-दिमाग़ में मौजूद था, अब निहायत भौण्डी शक्ल में हमारे सामने मौजूद है।

दरमियान में उसने जवाहर लाल नेहरू की हर दिल अज़ीज़ी और अज़मत से चिढ़ कर उसको गांधी का लेपालक और सारी क़ौम के सिर का दर्द कहा था। यही चीज़ अब बिगड़ कर पाकिस्तान दुश्मन बन गयी है। इसलिए कि पाकिस्तान हक़ीक़त बन गया है और दुनिया के नक़्शे पर अपने लिए एक अहम जगह पैदा कर रहा है। यह उसकी कज रौ तबियत के ख़िलाफ़ है।

"फ़िल्म-इण्डिया" में जैसा कि नाम से जाहिर है सिर्फ़ फिल्म से मुताल्लिक़ मज़ामीन होने चाहिए और हुआ करते थे लेकिन आहिस्ता-आहिस्ता उसमें सियासयात ने भी सिर निकालना शुरू कर दिया और अब तो यह हालत है कि सियासयात, फ़िल्मयात और जिन्सयात कुछ इस तरह आपस में गड्डमड्ड हो गये हैं कि बिलकुल बाबू राव की मौजूदा परवर्टेड ज़हनियत का नक़्शा पेश करते हैं। एक ही जगह पर आपको पाकिस्तान, मोरारजी देसाई, औरतों के अय्याम और 'वीरा' के पपीता नुमा चेहरे का ज़िक्र मिलेगा।

लियाक़त का मुक्का होगा, साथ ही बाबू राव की तनोमंदी और मर्दुमी, इसके साथ आचार्य किशोर साहू और आख़िर में वह गांधी टोपी को अपनी फूँकों से उड़ाने की कोशिश कर रहा होगा।

सियासयात में क़दम रखकर वह समझता है कि यह भी कोई रीटा है, सुशीला है, पद्मा है जिसे वह डुगडुगी बजा कर बाँस पर चढ़ा देगा और ख़ुद तमाशा देखेगा। हालाँकि वह अन्दरूनी तौर पर जानता है कि फ़िल्मसाज़ी के मैदान में बहुत बुरी तरह नाकाम रह चुका है और इस मैदान में उससे भी ज़्यादा नाकाम रहेगा—मगर छेड़छाड़ उसकी सरिश्त में दाख़िल है।

मुझसे आप पूछिए तो बाबू राव को हिन्दोस्तान से गर्ज़ है न पाकिस्तान से। वह दरअसल अज़मत और बुजुर्गी का दुश्मन है। वरना वह अपने उस बँगले में ख़ुश है जो उसने एक बड़ी रकम दे कर उमर पार्क में ख़रीदा है। अपनी सेक्रेट्री सुशीला रानी से ख़ुश है जिस को आसमानों पर चढ़ाने के लिए उसने "फ़िल्म इण्डिया" दो बरस तक वक़्फ़ किये रखा। उसको एक फ़िल्म में भी [illegible] किया। इस ख़याल से कि दूसरे का हाथ रानी को न लगे, उसने यह फ़िल्म ख़ुद डायरेक्ट किया—लेकिन नतीजा सिफ़र।

इसकी बाबू राव को कोई परवाह नहीं उसके पास रानी है। उसके पास रेस के घोड़े हैं। इसके पास बेहतरीन दफ़्तर है। उसके पेट में सरतान है, लेकिन उसकी तिजोरी में काफ़ी दौलत है। वह उड़ कर अमरीका जा सकता है और उसका इलाज करा सकता है—लेकिन उसको एक बहुत बड़ा दुख है।

मैं आपको बताता हूँ—उसको यह दुख है कि मुसलमान क्यों इतने बेवफ़ा होते हैं। मैं सच कहता हूँ उसके कई मुसलमान दोस्तों ने उससे बेवफ़ाई की है। हिन्दू दोस्तों ने भी की है, लेकिन मुसलमान उसे ज़्यादा अज़ीज़ थे। वह उनकी खू-बू पसन्द करता था। उसका रहन-सहन पसन्द करता था। उसको उनकी ख़ूबसूरती पसन्द थी। सबसे ज़्यादा उसको उनके खाने पसन्द थे।

बाबू राव अक़ायद के लिहाज़ से बहुत रोशन ख़याल है। उसकी एक लड़की प्रेस के एक मुसलमान मुलाज़िम के इश्क़ में गिरफ़्तार हो गयी। मुसलमान क़रीब-क़रीब अनपढ़ था और बाबू राव की लड़की ज़ाहिर है कि तालीमयाफ़्ता थी—लेकिन इश्क़ ऐसी चीज़ें कब देखता है। दोनों भाग गये।

बाबू राव उन दोनों को पकड़ कर ले आया। लड़की को लानत-मलामत की और चाहा कि यह क़िस्सा ख़त्म हो जाय, लेकिन लड़की न मानी—बाबू राव ने उससे पूछा "तू क्या चाहती है?"

लड़की ने जवाब दिया—"मैं उससे शादी करना चाहती हूँ।"

बाबू राव ने अपनी लड़की की शादी प्रेस में काम करने वाले मुसलमान से कर दी—कुछ अर्से के बाद जब उससे मेरी मुलाक़ात हुई तो वह आँखों में आँसू भर के कहने लगा, "यह तुम साला मुसलमान कैसा है—एक हमसे छोकरी लेता है—फिर कहता है खाने के लिए भी दो।"

इस पस मंज़र में भी बाबू राव की मौजूदा ज़हरीली तहरीरों को देखने की ज़रूरत है।

लेकिन यह कितनी बड़ी हिमाक़त है कि वह एक फ़र्द का या दो-तीन अफ़राद का बदला एक पूरी क़ौम से लेना चाहता है—एक मज़हब से लेना चाहता है। बाबू राव तारीख़ का तालिब इल्म है क्या उस पर यह हक़ीक़त आशकारा नहीं कि यह क़ौम और यह मज़हब सराब नहीं, एक ठोस हक़ीक़त है।

इस्लाम और हादी-ए-इस्लाम के ख़िलाफ़ लोग दरीदह-दहनी करते रहे हैं, लेकिन उससे कोई फ़र्क नहीं पड़ा। पाकिस्तान के ख़िलाफ़ भी लोग एक अर्से तक ज़हर उगलते रहे हैं। इससे क्या होता है—मुझे अफ़सोस तो इस बात का है कि हालात ने कितना शानदार क़लम ग़लाज़त और गन्दगी में डुबो दिया—कोई आर्टिस्ट किसी की मज़हबी दिल आज़ारी का बायस नहीं हो सकता। वह आर्टिस्ट था, लेकिन अफसोस कि आम आदमी बन गया।

ख़ुदा की क़सम 'फिल्म इंडिया' के चन्द पिछले शुमारे देखे, मुझे घिन आने लगी—बाबू राव और ऐसी गिरावट, ऐसा मालूम होता है कि वह आर्टिस्ट जो उसमें था या सरतान बनके उसके पेट में चला गया है या उसकी दो बीवियों की बद दुआएँ। रीटा कारलायल के बुरीदा गेसूओं—और पद्मा देवी और सुशीला रानी के बिस्तरों में दफ़न हो गया है।

अशोक कुमार

नज्मुल हसन जब देविका रानी को ले उड़ा तो बम्बई टॉकीज़ में अफ़रा-तफरी फैल गयी। फ़िल्म का आग़ाज़ हो चुका था। चन्द मनाज़िर की शूटिंग पाया-ए-तकमील को पहुँच चुकी थी कि नज्मुल हसन अपनी हीरोइन को सिलालाइड की दुनिया से खींचकर हक़ीक़त की दुनिया में ले गया। बम्बई टॉकीज़ में सबसे ज़्यादा परेशान और मुतफ़्क्रिर शख़्स हिमांशु राय था। देविका रानी का शौहर और बम्बई टॉकीज़ का "दिल-ओ-दिमाग़ पस-ए-पर्दा"

एक मुकर्जी मशहूर जूबली-मेकर फ़िल्मसाज़ (अशोक कुमार के बहनोई) उन दिनों बम्बई टॉकीज में मिस्टर सावक वाचा साउण्ड इंजीनियर के असिस्टेंट थे। सिर्फ़ बंगाली होने की वजह से उन्हें हिमांशु राय से हमदर्दी थी। वह चाहते थे कि किसी-न-किसी तरह देविका रानी वापस आ जाय। चुनांचे उन्होंने अपने आका हिमांशु राय से मशविरा किये बग़ैर अपने तौर पर कोशिश की और अपनी मख़सूस हिकमत-ए-अमली से देविका रानी को आमादा कर लिया कि वह कलकत्ते में अपने आशिक नज्मुल हसन की आग़ोश छोड़ कर वापस बम्बई टॉकीज़ की आग़ोश में चली आये। जिसमें उसके जौहर के पनपने की ज़्यादा गुंजाइश थी।

देविका रानी वापस आ गयी। एस मुकर्जी ने अपने जज़्बाती आक़ा हिमांशु राय को भी अपनी हिकमत-ए-अमली से आमादा कर लिया कि वह उसे क़बूल कर लें और बेचारा नज्मुल हसन उन आशिकों की फ़ेहरिस्त में दाख़िल हो गया जिनको सियासी मज़हबी और सरमाया दाराना हिकमत-ए-अमलिए ने अपनी महबूबाओं से जुदा कर दिया था।

ज़ेर-ए-तकमील फ़िल्म से नज्मुल हसन को क़ैंची से काटकर रद्दी की टोकरी में फेंक तो दिया गया। मगर अब यह सवाल दर पेश था कि इश्क़ आशना देविका रानी के लिए सिलोलाइड का हीरो कौन हो।

हिमांशु राय इक बेहद मेहनती और दूसरों से अलग-थलग रहकर ख़ामोशी से अपने काम में शब-ओ-रोज़ मुनहमिक रहने वाले फ़िल्म साज़ थे। उन्होंने बम्बई टॉकीज़ की नींव कुछ इस तरह डाली थी कि वह एक बावक़ार दर्स-गाह मालूम हो। यही वजह है कि उन्होंने बम्बई शहर से दूर मुजाफ़ात में एक गाँव को जिसका नाम

"मलाड" है अपनी फ़िल्म कम्पनी के मुनतख़िब किया था—वह बाहर का आदमी नहीं चाहते थे। इसलिए कि बाहर के आदमियों के मुताल्लिक़ उनकी राय अच्छी नहीं थी। (नज्मुल हसन भी बाहर का आदमी था)।

यहाँ फिर एस मुकर्जी ने अपने जज़्बाती आक़ा की मदद की। उनका साला अशोक कुमार बी.एस.सी पास करके एक बरस कलकत्ते में वकालत पढ़ने के बाद बम्बई टॉकीज़ की लेबाट्री में बग़ैर तनख़्वाह के काम सीख रहा था। थोड़ा बहुत गा-बजा भी लेता था। मुकर्जी ने चुनांचे बर सबील-ए-तज़करा हीरो के लिए उसका नाम लिया। हिमांशु राय की सारी ज़िन्दगी तजरूबों से दो चार रही थी। उन्होंने कहा देख लेते हैं। जर्मन कैमरा-मैन वर्शिंग ने अशोक का टेस्ट लिया। हिमांशु राय ने देखा और पास कर दिया। जर्मन फ़िल्म डायरेक्टर फ्रांज़ आस्टन की राय उनके बरअक्स थी। मगर बम्बई टॉकीज में किसकी मजाल कि हिमांशु राय की राय के ख़िलाफ इज़हार-ए-ख़याल कर सके। चुनांचे अशोक कुमार गांगोली जो उन दिनों बमुश्किल बाईस बरस का होगा, देविका रानी का हीरो मुनतख़िब हो गया।

एक फ़िल्म बना, दो फ़िल्म बने—कई फ़िल्म बने और देविका रानी और अशोक कुमार का न जुदा होने वाला फ़िल्मी जोड़ा बन गया। उन फ़िल्मों में से अक्सर बहुत कामयाब हुए। गुड़िया-सी देविका रानी और बड़ा ही बेज़रर अशोक कुमार, दोनों सिलोलाइड पर शीर-ओ-शंकर हो कर आते तो बहुत ही प्यारे लगते। मासूम अदाएँ, अल्हड़ ग़मज़े—बड़ा हँसाई क़िस्म का इश्क़—लोगों को जो जारहाना इश्क़ करने और देखने के शौक़ीन थे, यह नर्म-ओ-नाजुक लचकीला इश्क़ बहुत पसन्द आया। ख़ास तौर पर इस नये फ़िल्मी जोड़े के गिरवीदा हो गये। स्कूलों और कॉलेजों में तालिबात का (ख़रूरान उन दिनों) आइडियल हीरो अशोक कुमार था और कॉलेजों के लड़के लम्बी और खुली आस्तीनों वाले बंगाली कुर्ते पहन कर गाते फिरते थे—

तू बन की चिड़िया। मैं बन का पंछी बन-बन बोलूँ रे।

मैंने अशोक कुमार के चन्द फ़िल्म देखे। देविका रानी उसके मुक़ाबले में जहाँ तक किरदार-निगारी का ताल्लुक़ है मीलों आगे थी और हीरो के रूप में अशोक ऐसा मालूम होता था कि चाकलेट का बना है। मगर आहिस्ता-आहिस्ता उसके पर-पुर्जे निकले और बंगाल के आदर्श अफ़ीम इश्क़ की पीनक से बेदार होने लगा।

अशोक जब लेबोरेटरी की चिलमन से बाहर निकल कर रूपहले पर्दे पर आया, तो उसकी तनख़्वाह पच्छहत्तर रुपये मुकर्रर हुई। अशोक बहुत ख़ुश था। उन दिनों अकेली जान के लिए और वह भी शहर से दूर-दराज गाँव "मलाड" में इतने रुपये काफ़ी थे। जब उसकी तनख़्वाह एकदम दुगुनी हुई यानी एक सौ पचास रुपये माहवार, तो वह और भी ज़्यादा ख़ुश था। लेकिन जब डेढ़ के ढाई मुकर्रर हुए तो वह घबरा गया। उसने मुझे उस वक़्त की कैफ़ियत बयान करते हुए कहा "बाई गॉड—मेरी हालत अजीब-ओ-ग़रीब थी। ढाई सौ रुपये—मैंने कैशियर से नोट लिये,

तो मेरा हाथ काँपने लगा। समझ में नहीं आता था कि इतने रुपये कहाँ रखूँगा—मेरा घर था—एक छोटा-सा क्वार्टर। एक चारपायी थी। दो-तीन कुर्सियाँ। चारों तरफ़ जंगल—रात को अगर कोई चोर आ जाय—यानी अगर उसको मालूम हो जाय कि मेरे पास ढाई सौ रुपये हैं तो क्या हो? —मैं एक अजीब चक्कर में पड़ गया। चोरी-डकैती से मेरी जान जाती थी। घर आकर बहुत स्कीमें बनाईं। आख़िर यह कि कि वह नोट चारपायी के नीचे बिछी हुई दरी में छिपा दिये—सारी रात बड़े डरावने ख़्वाब आते रहे—सुबह उठकर मैंने पहला काम यह किया कि नोट उठा कर डाकख़ाने में जमा करा दिये।"

अशोक मुझे यह बात अपने मकान पर सुना रहा था कि कलकत्ते का एक फिल्मसाज़ उससे मिलने आया। कान्ट्रेक्ट तैयार था मगर अशोक ने उस पर दस्तख़त न किये। वह अस्सी हज़ार रुपये देता था और अशोक कुमार का मुतालबा पूरे एक लाख का था—कहाँ ढाई सौ रुपये और कहाँ एक लाख!

बम्बई टाकीज़ में अशोक के साथ-साथ उसके बहनोई एस. मुकर्जी ने भी तरक़्क़ी की। आदमी ज़हीन था—गिर्द-ओ-पेश जो कुछ भी होता था, उसका बनज़र-ए-ग़ायर मुतालज करता था। आहिस्ता-आहिस्ता प्रोड्यूसर बन गया—मामूली प्रोड्यूसर नहीं बहुत बड़ा प्रोड्यूसर। जिसने बम्बई टॉकीज़ के झंडे तले कई सिलवर और गोल्डन जुबली फ़िल्म बनाईं और मंजर-निगारी में एक ख़ास स्कूल की बुनियाद डाली—राक़िमुल हुरूफ़ इस सिन्फ़ में उसको अपना उस्ताद मानता है।

अशोक की दिल अज़ीज़ी दिन-ब-दिन बढ़ती चली गयी। चूँकि वह बाहर बहुत ही कम निकलता था और अलग-थलग रहता था। इसलिए जब लोग कहीं उसकी झलक देख पाते, तो एक हंगामा बरपा हो जाता। चलती ट्रैफ़िक बन्द हो जाती। उसके चाहने वालों के ठठ लग जाते और अक्सर अवक़ात पुलिस के डण्डे के ज़ोर से उसे हुजूम की बेपनाह अक़ीदत से नजात दिलाना पड़ती।

अशोक अपने अक़ीदत मन्दों के वालहाना इज़हार को वसूल और बर्दाशत करने के मामले में बहुत ही ज़लील वाक़अ हुआ है। फ़ौरन ही चिढ़ जाता है। जैसे किसी ने गाली दी है। मैंने उससे कई दफ़ा कहा, "दादामनी, तुम्हारी यह हरकत बड़ी वाहियात है—ख़ुश होने के बजाय तुम नाराज़ होते हो। क्या तुम इतना भी नहीं समझते कि यह लोग तुमसे मुहब्बत करते हैं।" लेकिन यह बात समझने के लिए शायद उसके दिमाग़ में कोई ऐसा ख़ाना ही नहीं है।

मुहब्बत से यह क़तअन ना आशना है (यह तक़सीम से पहले तक की बात है उस अर्से में उसके अन्दर क्या तबदीलियाँ पैदा हुई हैं उनके मुताल्लिक में कुछ नहीं कह सकता) सैंकड़ों हसीन लड़कियाँ उसकी ज़िन्दगी में आयीं। मगर वह निहायत ही रूखे अन्दाज़ में उनके साथ पेश आया। तबअन वह एक ठेठ जाट है। उसके खाने-पीने और रहने-सहने में एक अजीब क़िस्म का गँवारपन है।

देविका रानी ने उससे इश्क़ करना चाहा। मगर उसने बहुत ग़ैर सन्नाआना अन्दाज़ में उसकी हौसला-शिकनी की। एक और ऐक्टर्स ने जुर्रत से काम ले कर उसको अपने घर बुलाया और बड़े ही नर्म-ओ-नाज़ुक तरीके से उस पर अपनी मुहब्बत का इज़हार किया। मगर जब अशोक ने बड़े बेड़ेपन से उसका दिल तोड़ा, तो उस ग़रीब को पैंतरा बदल कर यह कहना पड़ा, "मैं आपका इम्तिहान ले रही थी। आप तो मेरे भाई हैं।"

अशोक को उस ऐक्टर्स का जिस्म पसन्द था। हर वक़्त धुली-धुली निखरी-निखरी रहती थी। उसकी यह चीज़ भी अशोक को बहुत भाती थी। चुनांचे जब उसने कलाबाज़ी लगा कर उसको अपना भाई बना लिया, तो अशोक को काफ़ी कोफ़्त हुई।

अशोक इश्क़-पेशा नहीं। लेकिन ताक-झाँक का मर्ज़ उसको आम मर्दों का-सा है। औरतों की दावत-तलब चीज़ों को बाक़ायदा ग़ौर से देखता है और उनके मुताल्लिक़ अपने दोस्तों से बातें भी करता है। कभी-कभार किसी औरत की जिस्मानी कुर्बत की ख़्वाहिश भी महसूस करता है। मगर बक़ौल उसके "मंटो यार—हिम्मत नहीं पड़ती।"

हिम्मत के मामले में वह वाक़ई बहुत बोदा है। लेकिन यह बोदापन उसकी अज़दुवाजी ज़िन्दगी के लिए बहुत ही मुबारक है। उसकी बीवी शोभा से अगर उसकी इस कमज़ोरी का ज़िक्र किया जाय तो यक़ीनन वह यही कहेंगी, "ख़ुदा का शुक्र है कि गांगोली में ऐसी हिम्मत नहीं और ख़ुदा करे उसमें यह हिम्मत कभी पैदा न हो।"

मुझे हैरत है कि उसमें यह हिम्मत और जुर्रत क्यों पैदा न हुई। जबकि सैंकड़ों लड़कियों ने जुर्रत-ए-रिन्दाना से काम ले कर उसको इश्क़ की आग में कूदने की तरग़ीब दी। उसकी ज़ाती डाक में बिला मुबालग़ा हज़ारों औरतों के इश्क़-ओ-मुहब्बत से लबरेज़ खुतूत आये होंगे। मगर जहाँ तक मैं जानता हूँ खुतूत के उस अम्बार में उसने शायद एक सौ भी ख़ुद नहीं पढ़े—ख़त आते हैं उसका मरियल सेक्रेट्री डीसूज़ा मज़े ले-ले कर पढ़ता है और दिन-ब-दिन मरियल होता जाता है।

तक़सीम से चन्द माह पहले अशोक फ़िल्म चन्द्रशेखर के सिलसिले में कलकत्ते में था। शहीद सहरवर्दी (उस वक़्त वज़ीर-ए-आज़म बंगाल) के यहाँ से सोलह मिली-मीटर फ़िल्म देखने के बाद अपने डेरे लौट रहा था कि रास्ते में दो ख़ूबसूरत ऐंग्लो इंडियन लड़कियों ने उसकी मोटर रोकी और लिफ़्ट चाही। अशोक ने चन्द मिनट की यह अयूयाशी तो कर ली। मगर उसे अपने नये सिगरेट केस से हाथ धोने पड़े। एक लड़की जो शोख़-ओ-शंग थी सिगरेट के साथ सिगरेट-केस भी ले उड़ी। इस वाक़ये के बाद अशोक ने कई बार सोचा कि उनसे रस्म-ओ-राह पैदा की जाय। बात मामूली थी मगर उसकी हिम्मत न पड़ी।

कोल्हापुर में गुर्ज़, तलवार और ढाल क़िस्म का भारी-भरकर हवन्नक़ फिल्म बन रही थी। अशोक का थोड़ा-सा काम उसमें बाक़ी रह गया था। वहाँ से कई बुलावे

आये मगर वह न गया। उसकी तबियत उस रोल से बहुत मुतनफ़्फ़िर थी, जो उसे अदा करने के लिए दिया गया था। मगर काण्ट्रेक्ट था। आख़िर एक रोज़ उसे जाना ही पड़ा। साथ मुझे ले गया। उन दिनों मैं फ़िल्मस्तान के लिए "आठ दिन" नामी फ़िल्म लिख रहा था। चूँकि यह फ़िल्म उसे प्रोड्यूस और डायरेक्ट करना थी इसलिए उसने कहा, "चलो यार—वहाँ आराम से काम करेंगे।"

मगर आराम कहाँ—लोगों को फ़ौरन मालूम हो गया कि अशोक कुमार कोल्हापुर आया हुआ है। चुनांचे उस होटल के इर्दगिर्द जहाँ हम ठहरे थे, ज़ायरीन जमा होने शुरू हो गये। होटल का मालिक होशियार था। किसी-न-किसी बहाने वह उन लोगों को मुन्तशिर कर देता। लेकिन फिर भी बाज़ चिपकू क़िस्म के लोग होटल का तवाफ़ करते रहते और अपने महबूब ऐक्टर की ज़ियारत कर ही लेते। अपने अक़ीदतमन्दों के साथ अशोक जैसा कि मैं पहले कह चुका हूँ बहुत अख्खड़ क़िस्म का सुलूक करता रहा। मुझे मालूम नहीं उनका रद्द-ए-अमल क्या था। मगर बहैसियत एक नाज़िर के मुझे सख़्त कोफ़्त होती थी।

एक शाम हम दोनों सैर को निकले। अशोक "केमो फ़्लाज़" किये था। आँखों पर चौड़ा चकला गहरे रंग का चश्मा—एक हाथ में छड़ी दूसरे हाथ में मेरा कन्धा। ताकि हस्ब-ए-ज़रूरत मुझे आगे पीछे कर सके। इसी तरह एक स्टोर में पहुँचे। अशोक को कोल्हापुर के स्टूडियो के गर्द-ओ-गुबार के असरात से महफ़ूज़ रहने के लिए कोई दवा ख़रीदनी थी। जब उसने स्टोर वाले से यह तलब की, तो उसने सरसरी नज़र से अपने गाहक की तरफ़ देखा और अलमारी की तरफ़ बढ़ा। लेकिन फ़ौरन ही "डी लेड ऐक्शन" बम्ब की तरह फटा और मुड़कर अशोक से मुख़ातिब हुआ। "आप—आप कौन हैं?"

अशोक ने जवाब दिया। "मैं कौन हूँ? --मैं वही हूँ जो कि मैं हूँ?"

स्टोर वाले ने ग़ौर से अशोक के चश्मा ओढ़े चेहरे की तरफ़ देखा, "आप अशोक कुमार हैं?"

अशोक ने बड़े दिल-शिकन लहजे में कहा—"अशोक कुमार कोई और होगा। चलो मंटो।"

यह कहकर उसने मेरे कन्धे पर हाथ रखा और दवा ख़रीदे बग़ैर ही हम दोनों स्टोर से बाहर थे। होटल का मोड़ मुड़ने लगे तो सामने तीन मरहटी लड़कियाँ नमूदार हुईं। बहुत साफ़-सुथरी, गोरी-चिट्टी, माथों पर कुम-कुम बालों में वेनयाँ (फूलों के गजरे) पैरों में हल्के फुल्के चप्पल। उनमें से एक जिसके हाथों में मौसमबियाँ थीं, अशोक को देख कर ज़ोर से काँपी, भिंची हुई आवाज़ में उसने अपनी सहेलियों से कहा—"अशोक!" और उसके हाथों की सारी मौसमबियाँ सड़क पर गिर पड़ीं। अशोक ने मेरा कन्धा छोड़ा और भाग गया।

अशोक से मेरी पहली मुलाक़ात फ़िल्मिस्तान में हुई। जब एस. मुकर्जी की पूरी

टीम ने बम्बई टॉकीज़ छोड़ कर अपना नया फ़िल्मी इदारा क़ायम कर लिया था। यूँ तो मैंने कई बार उसकी झलकियाँ देखी थीं। मगर मुफ़स्सल मुलाक़ात फ़िल्मिस्तान ही में हुई। जब मैं वहाँ मुलाज़िम हो गया।

फ़िल्मी दुनिया की हर शख़्सियत पर्दे पर कुछ और पर्दे से दूर कुछ और ही होती है। अशोक को चुनांचे जब मैंने पहली मर्तबा क़रीब से देखा, तो पर्दे के अशोक से बहुत मुख़्तलिफ़ था। गहरा साँवला रंग, मोटे और खुरदरे हाथ, मज़बूत कसरती जिस्म, नीम-गँवार लब-ओ-लहजा, उखड़ा-उखड़ा ग़ैर फ़ितरी तकल्लुफ़। तारूफ़ कराया गया तो मैंने उससे कहा, “आपसे मिल कर बड़ी मसर्रत हुई है।”

अशोक ने इसके जवाब में जो कुछ कहा वह मोटे-मोटे अल्फ़ाज़ पर मुशतमिल था। ऐसा लगता था जैसे उसने यह लफ़्ज़ रटे हुए हैं।

एक मर्तबा फ़िल्मिस्तान में एक साहब सैर-ओ-तफ़रीह के लिए आये। आपने बड़े पुर तकल्लुफ़ अन्दाज़ में अशोक से कहा, “मुझे ऐसा महसूस होता है कि ख़ाकसार को इससे पहले भी जनाब से शर्फ़-ए-मुलाक़ात हासिल हो चुका है।”

अशोक ने गड्डमड्ड लहजे में जवाब दिया, “जी...जी मुझे कभी मुक़ाबला नहीं हुआ।” मुक़ाबले का काफ़ उसने हलक से निकाला...लेकिन फ़ौरन ही उसको एहसास हुआ कि उसने यह लफ़्ज़ ग़लत इस्तेमाल किया है। मगर वह गोल कर गया।

अशोक को उर्दू बहुत अच्छी लगती है। शुरू-शुरू में उसने इस ज़बान में लिखना-पढ़ना शुरू किया। मगर क़ायदे से आगे न बढ़ सका। फिर भी उसको थोड़ी-सी शुद-बुद है। एक-दो सतर उर्दू में लिख लेता है। तक़सीम के बाद जब मैं उसे छोड़ कर बम्बई टॉकीज़ से चला आया तो उसने मुझे उर्दू में एक ख़त लिखा कि वापस आ जाओ। मगर अफ़सोस है कि मैं चन्द-दर-चन्द वजूह के बायस उसका जवाब न दे सका।

मेरी बीवी भी दूसरी औरतों की तरह अशोक कुमार की बहुत मद्दाह थी।

एक दिन मैं अशोक को अपने घर ले आया। कमरे में दाख़िल होते ही मैंने ज़ोर से आवाज़ दी, “सफ़िया—आओ अशोक कुमार आया है।”

सफ़िया अन्दर रोटी पका रही थी। जब मैंने पै-दर-पै आवाज़ें दीं, तो वह बाहर निकली। मैंने अशोक से उसका तारूफ़ कराया, “यह मेरी बीवी है। दादामनी—हाथ मिलाओ इससे।”

साफ़िया और अशोक दोनों झेंप गये। मैंने अशोक का हाथ पकड़ लिया, “हाथ मिलाओ दादामनी—शरमाते क्या हो।”

मजबूरन उसे हाथ मिलाना पड़ा। इत्तफ़ाक़ से उस रोज़ कीमें की रोटियाँ तैयार की जा रहीं थीं। अशोक खा के आया था। मगर जब खाने पर बैठा तो तीन हड़प कर गया।

यह अजीब बात है कि बम्बई में उसके बाद जब कभी हमारे यहाँ कीमे की रोटियाँ तैयार होतीं, अशोक किसी-न-किसी तरह आन मौजूद होता। इसकी तौजीह न मैं कर सकता हूँ न अशोक। दाने-दाने पर मुहर वाला ही क़िस्सा मालूम होता है।

मैंने अभी-अभी अशोक को दादामनी कहा है। बांग्ला में इसका मतलब है बड़ा भाई—अशोक से जब मेरे मरासिम बढ़ गये, तो उसने मुझे मजबूर किया कि मैं उसे दादामनी कहा करूँ। मैंने उससे कहा "तुम बड़े कैसे हुए। हिसाब कर लो। मैं उम्र में तुमसे बड़ा हूँ।"

हिसाब किया गया तो वह मुझसे उम्र में दो माह और कुछ दिन बड़ा निकला। चुनांचे अशोक और मिस्टर गांगोली के बजाय मुझे दादामनी कहना पड़ा। यह मुझे पसन्द भी था। क्योंकि उसमें बंगालियों की महबूब मिठाई "रसगुल्ले" की मिठास और गोलाई थी। वह मुझे पहले मिस्टर मंटो कहता था। जब उससे दादामनी कहने का मुआहदा हुआ, तो वह मुझे सिर्फ़ मंटो कहने लगा। हालाँकि मुझे यह नापसन्द था।

पर्दे पर वह मुझे चाकलेट हीरो मालूम होता था। मगर जब मैंने उसको सिलोलाइड के ख़ोल से बाहर देखा तो वह एक कसरती आदमी था। उसके मुक्के में इतनी कुव्वत थी कि दरवाज़े की लकड़ी में शिगाफ़ पड़ जाता था। हर रोज़ घर पर बाक्सिंग की मश्क करता था। शिकार खेलने का शौक़ीन था। सख़्त-से-सख़्त काम कर सकता था। अफ़सोस मुझे सिर्फ़ इस बात का हुआ कि उसे आराइश का क़तअन ज़ौक नहीं था। वह अगर चाहता तो उसका घर दिलकश-से-दिलकश साज़-ओ-सामान से आरास्ता होता। मगर इस तरफ़ वह कभी तवज्जह देता ही नहीं था और अगर देता था, तो उसके नतायज ग़ैर-सन्नाआना होते थे। बुश उठा कर ख़ुद ही सारे फ़र्नीचर पर गहरा नीला पेंट थोप देता या किसी सोफे की पुश्त तोड़कर उसे दीवान की भौण्डी शक्ल में तब्दील कर दिया।

मकान समुन्दर के एक ग़लीज़ किनारे पर है। नमकीन पानी के छींटे बाहर खिड़कियों की सलाखों को चाट रहे हैं। जगह-जगह लोहे के काम पर जंग की पपड़ियाँ जमा हैं। उनसे बड़ी उदासी फैलाने वाली बू आ रही है। मगर अशोक उससे क़तअन ग़ाफ़िल है। रेफ्रिजरेटर बाहर कारीडोर में पड़ा झक मार रहा है। उसके साथ लग कर उसका ग्रांडल अलसेशियन कुत्ता सो रहा है। पास कमरे में बच्चे उधम मचा रहे हैं और अशोक गुसलख़ाने के अन्दर पाट पर बैठा दीवारों पर हिसाब लगा कर देख रहा है कि रेस में कौन-सा घोड़ा बन आयेगा या मुकालमों का पर्चा हाथ में लिये उनकी अदायगी सोच रहा है। अशोक को फ़िरासतुलयद यानी पामस्ट्री और इल्म-ए-नुजूम से ख़ास शग़फ है। मौख़रूज़्ज़िक इल्म उसने अपने बाप से सीखा है। मुतअद्‌दद किताबें भी पढ़ी हैं। फ़ुर्सत के अवक़ात में वह शग़ल के तौर पर अपने दोस्तों की जन्म-पत्रियाँ देखा करता है।

मेरे सितारों का मुतालअ कर के उसने एक दिन मुझसे सरसरी तौर पर पूछा—"तुम शादी-शुदा हो?"

मैंने उससे कहा—"तुम्हें मालूम नहीं?"

उसने कुछ देर ख़ामोश रहने के बाद कहा—"जानता हूँ—लेकिन देखो मंटो, एक बात बताओ-नहीं—तुम्हारे तो अभी औलाद नहीं हुई।"

मैंने उससे पूछा—"बात क्या है—बताओ तो सही।"

उसने हिचकिचाते हुए कहा—"कुछ नहीं—जिन लोगों के सितारों की पोज़ीशन ऐसी होती है उनकी पहली औलाद लड़का होती है...मगर वह जिन्दा नहीं रहती।"

अशोक को यह मालूम नहीं था कि मेरा लड़का एक साल का हो कर मर गया था।

अशोक ने मुझे बाद में बताया कि उसका पहला बच्चा जो कि लड़का था मुर्दा पैदा हुआ था। उसने मुझसे कहा तुम्हारे और मेरे सितारों की पोज़ीशन क़रीब-क़रीब एक जैसी है और यह कभी हो ही नहीं सकता कि जिन लोगों के सितारों की पोज़ीशन ऐसी हो उनके यहाँ पहली औलाद लड़का न हो और वह न मरे।

अशोक को इल्म-ए-नुजूम की सेहत पर पूरा-पूरा यक़ीन है बशर्त यह कि हिसाब दुरुस्त हो। वह कहा करता है "जिस तरह एक पायी की कमी बेशी हिसाब में बहुत बड़ी गड़बड़ पैदा कर देती है उस तरह सितारों के हिसाब में मामूली सी ग़लती हमें कहीं-की-कहीं ले जाती है। यही वजह है कि वसूक़ के साथ कोई नतीजा क़ायम नहीं करना चाहिए। क्योंकि हो सकता है हमसे सहब हो गया हो।"

रेस के घोड़ों के टिप हासिल करने में भी आम-तौर पर अशोक ऐसे इल्म से मदद लेता है। घंटों बाथरूम में बैठा हिसाब लगाता रहता है। मगर पूरी रेस में सौ रुपये से ज़्यादा उसने कभी नहीं खेला और यह अजीब इत्तफ़ाक़ है कि वह हमेशा जीता है। सौ के एक सौ दस हो गये। सौ के सौ ही रहे। मगर ऐसा कभी नहीं हुआ कि उसके सौ में से एक पायी कम हुई हो—वह रेस जीतने के लिए नहीं महज़ तफ़रीह के लिए खेलता है। उसकी हसीन-ओ-जमील बीवी शोभा तीन बच्चों की माँ हमेशा उसके साथ होती है। मेम्बर्ज़ एनक्लोज़र में दाख़िल होते ही वह एक कोने में अलग-थलग बैठ जाता है। रेस शुरू होने से चन्द मिनट पहले अपनी बीवी को रुपये देता है कि फ़लां-फ़लां नम्बर के टिकट ले आओ। जब रेस ख़त्म होती है तो उसकी बीवी ही खिड़की पर जा कर जीतने वाले टिकटों के रुपये वसूल करती है।

शोभा घरेलू औरत है। तालीम वाजिबी है। अशोक कहा करता है कि अनपढ़ है मगर सिर्फ़ अज़ राह-ए-मज़ाक़। उसकी अज़्दवाजी ज़िन्दगी बहुत कामयाब है। शोभा इतनी दौलत होने के बावजूद घर के कामकाज में मशग़ूल रहती है। ठेठ बंगालियों की तरह सूती धोती पहने और उसके पल्लू के एक कोने में चाबियों का यह बड़ा गुच्छा उड़से वह मुझे हमेशा अपने घर में मसरूफ़-ए-कार नज़र आयी। शाम

को जब कभी व्हिस्की का एक दौर चलता तो गज़क की चीज़ें शोभा अपने हाथ से तैयार करती थी। कभी नमकीन पारे, कभी भुनी हुई दाल, कभी आलुओं के क़तले।

मैं ज़रा ज़्यादा पीने का आदी था। इसलिए शोभा अशोक से कहती थी—"देखो गांगोली। मिस्टर मंटो को ज़्यादती मत देना, मिसेज़ मंटो हमको बोलेंगी।"

मिसेज़ मंटो और मिसेज़ गांगोली दोनों सहेलियाँ थीं। इनसे हम दोनों बहुत काम निकालते थे। जंग के बायस बड़े अच्छे सिगरेट क़रीब-क़रीब ना पैद थे। जितने भी बाहर से आते थे सब-के-सब ब्लैक मार्केट में चले जाते थे। यूँ तो हम आमतौर पर उस ब्लैक मार्केट ही से अपने लिए सिगरेट हासिल करते थे। मगर जब किसी वसीले से सही कीमत पर कोई चीज़ मिल जाती, तो हम अजीब-ओ-ग़रीब मसर्रत महसूस करते।

मिसेज गांगोली जब शॉपिंग करने निकलतीं तो मेरी बीवी सफिया को कभी-कभी अपने साथ ले जातीं। क़रीब-क़रीब हर बड़े दुकानदार को मालूम था कि मिसेज़ गांगोली मशहूर ऐक्टर अशोक कुमार की बीवी है। चुनांचे उसके तलब करने पर ब्लैक मार्केट की तारीक तहों में छिपायी हुई चीज़ें बाहर निकल आती थीं। यूँ भी बम्बई के मर्द, औरतों के मामले में काफी नर्म दिल वाक़अ हुए हैं।

बैंक से रुपया निकलवाना हो, कोई रजिस्ट्री क़राना हो, सिनेमा या रेलगाड़ी के टिकट लेना हों, मर्द पड़ा डेढ़ घंटा सूखता रहेगा लेकिन उसके मुक़ाबले में औरत को एक मिनट भी इन्तज़ार करना नहीं पड़ेगा।

अशोक ने अपनी शोहरत और हर दिल अज़ीज़ से शायद ही फ़ायदा उठाया। मगर दूसरे बाज़ अवक़ात उसके इल्म के बग़ैर उसके ज़रिये से अपना उल्लू सीधा कर लेते थे। राजा मेंहदी अली खाँ ने एक दफ़ा बड़े ही दिलचस्प तरीक़े से अपना उल्लू सीधा किया।

राजा फ़िल्मिस्तान में मुलाज़िम था। मैं फ़िल्मिस्तान छोड़ कर वली साहब के लिए एक कहानी लिख रहा था। एक रोज़ मुझे टेलीफ़ोन पर अशोक के सेक्रेट्री ने बताया कि राजा मेहदी अली खाँ बीमार हैं। मैं वहाँ पहुँचा तो देखा कि जनाब की बहुत बुरी हालत है। गला इस क़दर ख़राब है कि आवाज़ ही नहीं निकलती। नक़ाहत का यह आलम है कि सहारा ले कर भी उठा नहीं जाता और आप नमकीन पानी के ग़रारों और ओरियेंटल बाम की मालिश से अपना मर्ज़ दूर करने की कोशिश फ़रमा रहे हैं।

मुझे शुबह-सा हुआ कहीं डिप्थीरिया न हो। चुनांचे मैंने उन्हें फ़ौरन ही मोटर में लादा और अशोक को टेलीफ़ोन किया। उसने मुझे अपने एक वाक़िफ़ डॉक्टर का नाम बताया कि वहाँ ले जाओ। मैं राजा मेंहदी को वहाँ ले गया। तशख़ीस के बाद मालूम हुआ कि वाक़ई वह मूज़ी मर्ज़ है। डॉक्टर साहब के मशविरे के मुताबिक़ मैंने फ़ौरन ही मुतअद्दद अस्पताल में उनको दाख़िल करा दिया। टीके वग़ैरह दिये गये।

दूसरे रोज़ सुबह मैंने अशोक को टेलीफ़ोन पर राजा के मर्ज़ की नोअयूयत बताई। जब उसने कोई तशवीश ज़ाहिर न की, तो मुझे गुस्सा आ गया कि तुम कैसे इंसान हो। एक आदमी ऐसे ख़ौफ़नाक मर्ज में मुबतिला है, बेचारे का यहाँ कोई पुरसान-ए-हाल भी नहीं और तुम कोई दिलचस्पी ही नहीं ले रहे।

अशोक ने जवाबन सिर्फ़ इस क़दर कहा—"आज शाम को चलेंगे उसके पास।"

टेलीफ़ोन बन्द करके मैं अस्पताल पहुँचा और देखा कि राजा की हालत पहले की निस्बत किसी क़दर बेहतर है। डॉक्टर ने जो टीके कहे थे वह मैं ले आया था। यह उसके हवाले करके और दम-दिलासा देकर मैं अपने काम पर चला गया।

शाम को अशोक ने मुझे 'वली' के दफ़्तर में पकड़ लिया। मैं नाराज़ था मगर उसने मुझे मना लिया। मोटर में अस्पताल पहुँचे। अशोक ने राजा से माज़रत तलब की कि वह बेहद मसरूफ़ था। इधर उधर की बातें हुईं। इसके बाद अशोक मुझे घर छोड़ कर चला गया।

दूसरे रोज़ अस्पताल पहुँचा तो क्या देखता हूँ राजा, राजा बना बैठा है। बिस्तर की चादर उजली, तकिए का गिलाफ़ उजला, सिगरेट की डिबिया, पान सिरहाने की विंडोसेल पर फूलदान, टाँग-पर-टाँग रखे अस्पताल का साफ़-सुथरा जोड़ा पहने बड़े अयूयाशाना तौर पर अख़बार का मुतालन कर रहा था। मैंने हैरत भरे लहजे में उससे पूछा—"क्यों राजा—यह सब क्या।"

राजा मुस्कराया। उसकी यह बड़ी-बड़ी मूछें थर्राईं "यह तो कुछ भी नहीं—अभी और देखना।"

मैंने पूछा, "क्या?"

"अयूयाशी के सामान—कुछ रोज़ और मैं यहाँ रहा तो तुम देखोगे कि पास वाले कमरे में मेरी हरम-सराय होगी। ख़ुदा जीता रखे मेरे अशोक कुमार को—बताओ वह क्यों नहीं आया।"

थोड़ी देर के बाद राजा ने बताया कि वह सब कुछ अशोक का नूर-ए-ज़हूर है—अस्पताल वालों को पता चल गया कि अशोक उसकी बीमार-पुर्सी के लिए आया था। चुनांचे हर छोटा-बड़ा राजा के पास आया। हर एक ने उससे एक ही क़िस्म के मुतअद्दद सवाल किये।

"क्या अशोक वाक़ई उसकी बीमार-पुर्सी के लिए आया था?"

"अशोक से उसके क्या ताल्लुक़ात हैं?"

"क्या वह फिर आयेगा?"

"कब और किस वक़्त आयेगा?"

राजा ने उनको बताया कि अशोक उसका बहुत ही गहरा दोस्त है। उसके लिए अपनी जान तक देने को तैयार है। वह अस्पताल में उसके साथ ही रहने को तैयार था मगर डॉक्टर न माने। सुबह शाम आता मगर कान्ट्रैक्ट कुछ ऐसे हैं कि मजबूर

है। आज शाम को ज़रूर आयेगा—इसका नतीजा यह हुआ कि खैराती अस्पताल के ख़ैराती कमरे में उसको हर क़िस्म की सहूलत मुयस्सर थी।

वक़्त ख़त्म होने पर मैं जाने ही वाला था कि मेडिकल स्टूडेंट लड़कियों का एक गिरोह कमरे में दाख़िल हुआ...राजा मुस्कराया।

"ख़्वाजा...हरम सराय के लिए यह साथ वाला कमरा मेरा ख़याल है छोटा रहेगा।"

अशोक बहुत अच्छा ऐक्टर है, मगर वह सिर्फ़ अपनी जान-पहचान के बेतकल्लुफ़ लोगों के साथ मिलकर ही पूरी दिलजमअई से काम कर सकता है। यही वजह है कि उन फ़िल्मों में उसका काम इत्मीनान बख़्श नहीं है जो उसकी टीम ने नहीं बनाए। अपने लोगों में हो तो वह खुल कर काम करता है। टैक्नीशनों को मशविरे देता है, उनके मशविरे क़बूल करता है। अपनी ऐक्टिंग के मुताल्लिक़ लोगों से इसतफ़सार करता है। एक सीन को मुख़्तलिफ़ शक्लों में अदा कर के ख़ुद परखता है और दूसरों की राय लेता है। इस फ़ज़ा से अगर कोई उसे बाहर ले जाता है तो वह बहुत उलझन महसूस करता है।

तालीम याफ़्ता होने और बम्बई टॉकीज़ जैसे बाज़ोक़ फ़िल्मी इदारे के साथ कई बरसों तक मुतसलिक रहने की वजह से अशोक को फ़िल्मी सनअत के क़रीब-क़रीब हर शोबे से वाक़फ़ियत हासिल हो गयी थी। वह कैमरे की बारीकियाँ जानता था। लिबार्ट्री के तमाम पेचीदा मसायल समझता था। एडीटिंग का अमली तजरूबा रखता था और डायरेक्शन की गहराइयों का भी मुतालअ कर चुका था। चुनांचे फ़िल्मिस्तान में जब उसे राय बहादुर चुनी लाल ने एक फ़िल्म प्रोड्यूस करने के लिए कहा तो वह फ़ौरन तैयार हो गया।

उन दिनों फ़िल्मिस्तान की प्रोपेगंडा फिल्म "शिकारी" मुकम्मल हो चुकी थी। इसलिए मैं कई महीनों की लगातार मेहनत के बाद घर में छुट्टियों के मज़े उड़ा रहा था। एक दिन सावक वाचा आये। इधर-उधर की बातें करने के बाद कहने लगे "स़आदत...एक कहानी लिख दो गंगोली के लिए।" मेरी समझ में न आया कि सावक का क्या मतलब है। मैं फ़िल्मिस्तान का मुलाज़िम था और मेरा काम ही कहानियाँ लिखना था। गंगोली के लिए कहानी लिखवाने के लिए सावक की सिफ़ारिश की क्या ज़रूरत थी। मुझसे वहाँ फ़िल्मिस्तान का कोई ज़िम्मेदार रूकन भी कहता, मैं कहानी लिखना शुरू कर देता, लेकिन बाद में मुझे मालूम हुआ कि अशोक चूँकि फ़िल्म ख़ुद प्रोड्यूस करना चाहता है इसलिए उसकी ख़्वाहिश है कि मैं उसकी ख़्वाहिश के मुताबिक कोई निहायत ही अछूती कहानी लिखूँ। वह ख़ुद मेरे पास इसलिए न आया कि वह दूसरों से कई कहानियाँ सुन चुका था।

ब़हरहाल सावक के साथ वक़्त मुकर्रर हुआ और हम सब सावक ही के साफ़-सुथरे फ़्लैट में जमा हुए। अशोक को कैसी कहानी चाहिए थी यह ख़ुद उसको

मालूम नहीं था! "बस मंटो ऐसी कहानी हो कि मज़ा आ जाय...इतना ख़याल रखो कि मेरी पहली फ़िल्म होगी।"

हम सब ने मिलकर घंटों मग़ज़-पाशी की मगर कुछ समझ में न आया। उन दिनों आग़ा ख़ाँ की डायमंड जुबली होने वाली थी जिसके लिए सावक के फ़्लैट की परली तरफ़ स्टेडियम में एक बहुत बड़ा पण्डाल तामीर किया जा रहा था। मैंने उससे इंसपेरेशन हासिल करने की कोशिश की...सावक के सेटिंग-रूम में सनम-तराशी का एक निहायत ही उम्दा नमूना था। उसको भी दिमाग़ में घुमाया-फिराया। अपने पुराने कारनामों पर नज़र डाली मगर कोई नतीजा बरआमद न हुआ।

दिन भर की सई-नाकाम की कोफ़्त दूर करने के लिए शाम को बाहर टैरस पर ब्राण्डी का दौर शुरू हुआ। शराब के इंतख़ाब में सावक वाचा बहुत ही उम्दा ज़ौक़ का मालिक है। ब्राण्डी चुनांचे जायक़ा और क़िवाम की बहुत ही अच्छी थी। हलक़ से उतरते ही लुत्फ़ आ गया। सामने चर्च गेट स्टेशन था। नीचे बाज़ार में ख़ूब चहल-पहल थी। इधर बाज़ार के इख़तताम पर समुन्दर औंधे मुँह लेटा सुस्ता रहा था। बड़ी-बड़ी क़ीमती कारें सड़क की चमकीली सतह पर तैर रही थीं...थोड़ी देर के बाद एक हाँफता हुआ सड़कें कूटने वाला इंजन नमूदार हुआ...मैंने ऐसे ही सोचा...ख़ुदा मालूम कहाँ से यह ख़याल मेरे दिमाग़ में आन टपका कि अगर हम टैरस से कोई ख़ूबसूरत लड़की एक रुक़्क़ा गिराए इस नीयत से कि वह जिसके हाथ लगेगा वह उससे शादी करेगी तो क्या हो?...हो सकता है कि रुक़्क़ा किसी मोटर में जा गिरे ...और यह भी हो सकता है कि उड़ता-उड़ता सड़कें कूटने वाले इंजन के ड्राइवर के पास जा पहुँचे...हो सकने का यह सिलसिला कितना दराज़ था और कितना दिलचस्प।

मैंने इसका ज़िक्र अशोक और सावक से किया। उनको मज़ा आ गया और मज़ा लेने की ख़ातिर हमने ब्राण्डी का एक और दौर चलाया और बेलगाम ख़याल आराइयाँ शुरू कर दीं। जब महफ़िल बरख्वास्त हुई तो तय पाया कि कहानी की बुनियादें इसी ख़याल पर उसतुवार की जायें।

कहानी तैयार हो गयी मगर उसकी शक्ल कुछ और ही थी। हसीना का लिखा हुआ रुक़्क़ा रहा, न सड़कें कूटने वाला इंजन। पहले-पहले ख़याल था कि ट्रैजिडी होनी चाहिए। मगर अशोक चाहता था कि कॉमेडी हो और वह भी बहुत ही तेज़ रफ़्तार। चुनांचे दिमाग़ की सारी कुव्वतें उसी तरफ़ सर्फ़ होने लगीं। कहानी मुकम्मल हो गयी तो अशोक को पसन्द आयी। शूटिंग शुरू हो गयी। अब फ़िल्म का एक-एक फ्रेम अशोक की हिवायात के मातहत तैयार होने लगा। बहुत कम लोग जानते हैं कि "आठ दिन" तमाम-ओ-कमाल अशोक की डायरेक्शन का नतीजा थी कि पर्दे पर डायरेक्टर का नाम डी.एन.पाई था जिसने इस फ़िल्म का एक इंच भी डायरेक्ट नहीं किया था। बम्बई टॉकीज में फ़िल्म डायरेक्टर को बहुत कम अहमियत दी जाती

थी। सब मिलकर काम करते थे। जब फ़िल्म नुमाइश के लिए पेश होती थी तो एक कारकुन का नाम बतौर डायरेक्टर के पेश कर दिया जाता था। यह तरीका-ए-कार फ़िल्मिस्तान में भी रायज था। डी.एन.पाई फ़िल्म एडिटर था और अपने काम में बहुत होशियार। चुनांचे मुत्तफक़ह तौर पर यही फ़ैसला हुआ था कि बहैसियत डायरेक्टर के उसका नाम फ़िल्म के क्रेडिट टाइटिल्ज़ में पेश किया जाय।

अशोक जितना अच्छा किरदार कार है उतना ही अच्छा हिदायत कार भी है। इसका इल्म मुझे "आठ दिन" की शूटिंग के दौरान में हुआ। मामूली-से-मामूली मंजर पर भी वह बहुत मेहनत करता था। शूटिंग से एक रोज़ पहले वह मुझसे नज़र-ए-सानी किया हुआ सीन लेता और गुसलख़ाने में बैठकर घण्टों उसकी नोक-पलक पर ग़ौर करता रहता...यह अजीब बात है कि बाथरूम के अलावा और किसी जगह वह पूरी तवज्जह से फ़िक्र तलब उमूर पर ग़ौर नहीं कर सकता।

उस इल्म में चार नये आदमी बतौर ऐक्टर पेश हुए। राजा मेहदी अली खाँ, उपेन्द्रनाथ अश्क, मोहसिन अब्दुल्लह (पुर असरार नीना के साबिक शौहर और राक़िमुल हुरूफ़—तय यह हुआ था कि एस. मुकर्जी को एक रोल दिया जायेगा। मगर वक़्त आने पर वह अपनी बात से फिर गये। इसलिए कि उनके फिल्म "चल-चल रे नौजवान" में कैमरे की दहशत के बायस मैंने काम करने से इंकार कर दिया था। मुकर्जी को बहाना हाथ आया। असल में वह ख़ुद कैमरे से ख़ौफ़ज़दह थे।

उनका रोल एक फ़ौजी का था। इसलिए लिबास वगैरह सब तैयार थे। जब मुकर्जी ने इनकार किया तो अशोक बहुत सटपटाया कि उनकी जगह और किसे मुनतख़िब करे। कई दिन शूटिंग बन्द रही। राय बहादुर चूनी लाल जब लाल पीले होने लगे तो अशोक मेरे पास आया। मैं चन्द मनाज़िर को दोबारा लिख रहा था। उसने मेज़ पर से मेरे काग़ज़ उठा कर एक तरफ़ रखे और कहा, "चलो मंटो"...

मैं उसके साथ चल पड़ा। मेरा ख़याल था कि वह मुझे नये गीत की धुन सुनवाने ले जा रहा है। मगर वह मुझे सेट पर ले गया और कहने लगा, "पागल का पार्ट तुम करोगे।"

मुझे मालूम था कि मुकर्जी इनकार कर चुका है और अशोक को उस ख़ास रोल के लिए कोई आदमी नहीं मिल रहा, लेकिन यह मालूम नहीं था कि वह मुझ से कहेगा कि मैं यह रोल अदा करूँ। चुनांचे मैंने उससे कहा, "पागल हुए हो।" अशोक संजीदा हो गया और कहने लगा कि नहीं मंटो तुम्हें यह रोल लेना ही पड़ेगा। राजा मेहदी अली खाँ और उपेन्द्रनाथ अश्क ने भी इसरार किया। राजा ने कहा, "तुमने मुझको अशोक का बहनोई बना दिया। हालाँकि मैं शरीफ़ आदमी हर्गिज़ इसके लिए तैयार न था, क्योंकि मैं अशोक की इज़्ज़त करता हूँ। तुम पागल बन जाओगे तो कौन-सी आफ़त आ जायेगी।"

इस पर मज़ाक़ शुरू हो गया और मज़ाक़-मज़ाक़ में सआदत हसन मंटो, पागल

फ़्लाइट लेफ़्टीनेंट कृपा राम बन गया...कैमरे के सामने मेरी जो हालत हुई उसको अल्लाह बेहतर जानता है।

फ़िल्म तैयार हो कर नुमाइश के लिए पेश हुई तो कामयाब साबित हुई। नमक़दीन ने उसे बेहतरीन कॉमेडी क़रार दिया...मैं और अशोक ख़ासतौर पर बहुत ही मसरूर थे और हमारा इरादा था कि अब की कोई बिलकुल नये टाइप की फ़िल्म बनाएँगे। मगर कुदरत को यह मंज़ूर नहीं था।

सावक वाचा "आठ दिन" की शूटिंग के आगाज़ ही में अपनी वालिदा के इलाज के सिलसिले में लन्दन चला गया था। वह जब वापस आया तो सनअत में एक इन्कलाब-बर्पा हो चुका था। कई इदारों के दीवाले पिट गये थे। बम्बई टॉकीज़ की निहायत अबतर हालत थी। हिमांशु राय आनजहानी के बाद देविका रानी चन्द बरसों की इद्दत के बाद रूस के एक जला वतन नवाब के आर्टिस्ट लड़के रोरक से रिश्ता-ए-अज़दबाज क़ायम करके फ़िल्मी दुनिया त्याग चुकी थीं। देविका रानी के बाद बम्बई टॉकीज़ पर कई बैरूनी हमलावरों ने क़ब्ज़ा किया मगर उसकी हालत न सुधार सके। आख़िर सावक वाचा लन्दन से वापस आये और जुर्रत-ए-रिन्दाना से काम ले कर बम्बई टॉकीज़ की एनान-ए-हुकूमत अशोक की मदद से अपने हाथ में ले ली।

अशोक को फ़िल्मिस्तान छोड़ना पड़ा। उस दौरान में लाहौर से मिस्टर मोती बी गड़वानी ने तार के ज़रिये से एक हजार रुपया माहवार की आफर दी। मैं चला गया होता। मगर मुझे सावक का इन्तज़ार था। जब अशोक और वे दोनों बम्बई टॉकीज़ में इकट्ठे हुए तो मैं उनके साथ था। यह वह जमाना था कि हिन्दोस्तान की तक़सीम के लिए अंग्रेज़ रफ कापियों पर नक़्शे बना रहा था। भुस में चुँगी डाल यह बी जमालो अलग खड़ी हो कर तमाशा देखने के लिए जगह बना रही थी।

मैंने जब बम्बई टॉकीज़ में क़दम् रखा तो हिन्दू-मुस्लिम फ़सादात शुरू थे। जिस तरह क्रिकेट के मैचों में विकटें उड़ती हैं बाउण्डरियाँ लगती हैं उस तरह इन फ़सादों में लोगों के सिर उड़ते थे और बड़ी-बड़ी आगें लगती थीं।

सावक वाचा ने बम्बई टॉकीज़ की अब तक हालत का अच्छी तरह जायज़ह लेने के बाद जब इन्तज़ाम सँभाला तो उसे बहुत सी मुश्किलें दरपेश आयीं। ग़ैर ज़रूरी उंसर को जो मजहब के लिहाज से हिन्दू था, निकाल बाहर किया तो काफी गड़बड़ हुई। मगर जब उसकी जगह पुर की गयी तो मुझे महसूस हुआ कि कलीदी आसामियाँ सब मुसलमानों के पास हैं। मैं था, शाहिद लतीफ था, इस्मत चुग़ताई थी, कमाल अमरोही था, हसरत लखनवी था, अजमेरी नाज़िम पानीपती और म्यूज़िक डायरेक्टर ग़ुलाम हैदर थे। ये सब जमा हुए तो हिन्दू कारकुनों में सावक वाचा और अशोक के ख़िलाफ़ नफ़रत के जज़्बात पैदा हो गये। मैंने अशोक से इसका ज़िक्र किया तो हँसने लगा, "मैं वाचा से कह दूँगा कि वह एक डाँट पिला दे।"

डाँट बताई गयी तो उसका असर उल्टा हुआ। वाचा को गुमनाम ख़त मौसूल होने लगे कि अगर उसने अपने स्टूडियो से मुसलमानों को बाहर न निकाला तो उसको आग लगा दी जाय। यह ख़त वाचा पढ़ता तो आग बगूला हो जाता। "साले मुझसे कहते हैं कि मैं ग़लती पर हूँ...मैं ग़लती पर हूँ...मैं ग़लती पर हूँ तो उनके बावा का क्या जाता है...आग लगायें तो मैं उन सबको उसमें झोंक दूँगा।"

अशोक का दिल-ओ-दिमाग़ फ़िरक़ावाराना तफ़्सुब से बिलकुल पाक है। वह कभी उन ख़तूत पर सोच ही नहीं सकता था जिनपर आग लगाने की धमकियाँ देने वाले सोचते थे। वह मुझसे हमेशा कहता, "मंटो यह सब दीवानगी है...आहिस्ता-आहिस्ता दूर हो जायेगी।"

मगर आहिस्ता-आहिस्ता दूर होने के बजाय यह दीवानगी बढ़ती ही चली जा रही थी।....और मैं ख़ुद को मुजरिम महसूस कर रहा था। इसलिए कि अशोक और वाचा मेरे दोस्त थे। वे मुझसे मशविरे लेते थे। इसलिए कि उनको मेरे खुलूस पर भरोसा था। लेकिन मेरा यह खुलूस मेरे अन्दर सिकुड़ रहा था...मैं सोचता था अगर बम्बई टॉकीज़ को कुछ हो गया तो मैं अशोक और वाचा को क्या मुँह दिखाऊँगा।

फ़सादात ज़ोरों पर थे। एक दिन मैं और अशोक बम्बई टॉकीज़ से वापस आ रहे थे। रास्ते में उसके घर देर तक बैठे रहे। शाम को उसने कहा, चलो मैं तुम्हें छोड़ आऊँ...शार्ट कट की ख़ातिर वह मोटर की ख़ालिस इस्लामी महल्ले में ले गया... सामने से एक बरात आ रही थी। जब मैंने बैण्ड की आवाज़ सुनी, तो मेरे औसान ख़ता हो गये। एकदम अशोक का हाथ पकड़ कर मैं चिल्लाया, "दादामनी यह तुम किधर आ निकले।"

अशोक मेरा मतलब समझ गया। मुस्करा कर उसने कहा, "कोई फ़िक्र न करो।"

मैं क्यों कर फ़िक्र न करता। मोटर ऐसे इस्लामी महल्ले में थी जहाँ किसी हिन्दू का गुज़र ही नहीं हो सकता था और अशोक को कौन नहीं पहचानता था। कौन नहीं जानता था कि वह हिन्दू है...एक बहुत बड़ा हिन्दू जिसका क़त्ल मर्का ख़ेज़ था. ..मुझे अरबी ज़बान में कोई दुआ याद नहीं थी। कुरआन की कोई मौज़ूँ-ओ-मुनासिब आयत भी नहीं आती थी। दिल-ही-दिल में अपने ऊपर लानतें भेज रहा था और धड़कते हुए दिल से अपनी ज़बान में बेजोड़-सी दुआ माँग रहा था कि ऐ ख़ुदा मुझे सुर्ख़रू रख...ऐसा न हो कोई मुसलमान अशोक को मार दें और मैं सारी उम्र उसका ख़ून अपनी गर्दन पर महसूस करता रहूँ। यह गर्दन क़ौम की नहीं मेरी अपनी गर्दन थी। मगर यह ऐसी जलील हरकत के लिए दूसरी क़ौम के सामने निदामत की वजह से झुकना नहीं चाहती।

जब मोटर बरात के जुलूस के पास पहुँची तो लोगों ने चिल्लाना शुरू कर दिया "अशोक कुमार–अशोक कुमार।" मैं बिलकुल यख हो गया। अशोक स्टेरिंग पर हाथ

रखे ख़ामोश था। मैं ख़ौफ़-ओ-हरास की यख़-बस्तगी से निकल कर हुजूम से यह कहने वाला था कि देखो होश करो। मैं मुसलमान हूँ। यह मुझे मेरे घर दौड़ने जा रहा है...कि दो नौजवानों ने आगे बढ़कर बड़े आराम से कहा, "अशोक भाई आगे रास्ता नहीं मिलेगा। इधर बाज़ू की गली से चले जाओ।"

अशोक भाई? अशोक उनका भाई था और मैं कौन था?...मैंने दफ़अतन अपने लिबास की तरफ़ देखा जो खादी का था...मालूम नहीं उन्होंने मुझे क्या समझा होगा। मगर हो सकता है कि उन्होंने अशोक की मौजूदगी में मुझे देखा ही न हो।

मोटर जब उस इस्लामी महल्ले से निकली तो मेरी जान में जान आयी। मैंने अल्लाह का शुक्र अदा किया तो अशोक हँसा, "तुम ख़्वाम-ख़्वाह घबरा गये--आर्टिस्टों को ये लोग कुछ नहीं कहा करते।"

चन्द रोज़ बाद बम्बई टॉकीज़ में नज़ीर अजमेरी की कहानी (जो "मजबूर" के नाम से क़लमबन्द हुई) पर मैंने जब कड़ी नुक़्ता-चीनी की और उसमें कुछ तबदीलियाँ करना चाहीं तो नज़ीर अजमेरी ने अशोक और वाचा से कहा, "मंटो को आप ऐसे मुबाहसों के दौरान में न बैठाया करें। वह चूँकि ख़ुद अफ़साना नवीस है इसलिए मुतसुब है।"

मैंने बहुत ग़ौर किया कुछ समझ में न आया। आख़िर मैंने अपने आप से कहा, "मंटो भाई—अगला रास्ता नहीं मिलेगा—कार-मोटर रोक लो—इधर बाज़ू की गली से चले जाओ।"

और मैं चुपचाप बाज़ू की गली से पाकिस्तान चला आया। जहाँ मेरे अफ़साने "ठण्डा गोश्त" पर मुक़दमा चलाया गया।

नवाब कश्मीरी

यूँ तो कहने को एक ऐक्टर था। जिसकी इज़्ज़त अक्सर लोगों की नज़र में कुछ नहीं होती जिस तरह मुझे भी महज़ अफ़साना-निगार समझा जाता है। यानी एक फुजूल आदमी। पर यह फुजूल-सा आदमी उस फुजूल से आदमी का जितना एहतराम करता है वह कोई बेवजूल शख़्सियत, किसी बेवजूल शख़्सियत का इतना एहतराम नहीं कर सकती।

वह अपने फ़न का बादशाह था। उस फ़न के मुताल्लिक़ आपको यहाँ का कोई वज़ीर कुछ बता नहीं सकेगा मगर किसी चीथड़े पहने हुए मज़दूर से पूछें जिसने चवन्नी देकर नवाब कश्मीरी को किसी फ़िल्म में देखा है। तो वह उसके गुण गाने लगेगा। वह आपको बताएगा। (अपनी ख़ाम ज़बान में) कि उसने क्या कमाल दिखाए।

इंग्लिस्तान की यह रस्म है कि जब उनका कोई बादशाह मरता है तो फ़ौरन ऐलान किया जाता है, "बादशाह मर गया है—बादशाह मर गया है—बादशाह की उम्र दराज़ हो।"

नवाब कश्मीरी मर गया है—लेकिन मैं किस नवाब कश्मीरी की दराज़ी-ए-उम्र के लिए दुआ माँगू—मुझे तो उसके मुक़ाबले में तमाम किरदार—निगार प्यारे मालूम होते हैं।

नवाब कश्मीरी से मेरी मुलाक़ात बम्बई में हुई। ख़ान कश्मीरी जो उनके क़रीबी रिश्तेदार हैं साथ थे। बम्बई के एक स्टूडियो में देर तक बैठे और बातें करते रहे। इसके बाद मैंने उसको अपनी एक फ़िल्मी कहानी सुनाई। लेकिन उस पर कुछ असर न हुआ। उसने मुझसे बिला तकल्लुफ़ कह दिया—"ठीक है, लेकिन मुझे पसन्द नहीं।"

मैं उसकी इस बेबाक तनक़ीद से बहुत मुतास्सिर हुआ। दूसरे रोज़ मैंने उसे फिर एक कहानी सुनाई। सुनने के दौरान में उसकी आँखों से आँसू टपकने लगे। जब मैंने कहानी ख़त्म की तो उसने रूमाल से आँसू खुश्क करके मुझसे कहा, "यह कहानी आप किस फ़िल्म कम्पनी को दे रहे हैं—भड़वे का रोल मुझे बहुत पसन्द है।"

मैंने उससे कहा, "यह कहानी कोई प्रोड्यूसर लेने के लिए तैयार नहीं।"

नवाब ने कहा, "तो लानत भेजो उन पर..."

नवाब मरहूम को पहली बार मैंने 'यहूदी की लड़की' में देखा था जिसमें रत्न बाई हीरोइन थी। नवाब अज़रा यहूदी का पार्ट कर रहे थे। मैंने इससे पहले यहूदियों की शक्ल तक नहीं देखी थी। लेकिन जब बम्बई गया तो यहूदियों को देख कर मैंने महसूस किया कि नवाब ने उनका सौ फ़ीसद सही चर्बा उतारा है। जब नवाब मरहूम से बम्बई में मुलाक़ात हुई तो उसने मुझे बताया कि अज़रा यहूदी का पार्ट अदा करने के लिए उसने कलकत्ता में यह पार्ट अदा करने से पहले कई यहूदियों के साथ मुलाक़ात की। उनके साथ घंटों बैठा रहा और जब उसने महसूस किया वह यह रोल अदा करने के क़ाबिल हो गया है तो उसने मिस्टर बी.एन. सरकार मालिक न्यू थियेटर से हामी भर ली।

जिन असहाब ने "यहूदी की लड़की" फ़िल्म देखी उनको नवाब कश्मीरी कभी भूल नहीं सकता। उसने बूढ़ा बनने के लिए और पोपले मुँह बातें करने के लिए अपने सारे दाँत निकलवा दिये थे ताकि किरदार निगारी पर कोई हर्फ़ न आये।

नवाब बहुत बड़ा किरदार-निगार था। वह किसी ऐसे फ़िल्म में हिस्सा लेने के लिए तैयार न था जिसमें कोई ऐसा रोल न हो, जिसमें वह समा सकता हो। चुनांचे वह किसी फ़िल्म कम्पनी से मुआहदा करने से पहले पूरी कहानी सुनता था। उसके बाद घर जा कर उस पर कई दिन ग़ौर करता था—आइने के सामने खड़े हो कर अपने चेहरे पर मुख़्तलिफ़ जज़्बात पैदा करता था—जब अपनी तरफ़ से मुतमईन हो जाता तो मुआहदा पर दस्तख़त कर देता।

उसको आग़ा हश्र कश्मीरी के ड्रामों से बहुत मुहब्बत थी, मगर ताज्जुब है कि यह शख़्स जो अर्से तक इम्पीरियल थियेट्रिकल कम्पनी के ड्रामों में स्टेज पर आता रहा और दाद-ए-तहसीन वसूल करता रहा, फ़िल्म में आते ही एकदम बदल गया—उसके लब-ओ-लहज़े में कोई थियेटरपन नहीं था। वह अपने मुकालमे उसी तरह अदा करता था जिस तरह के लोग आम गुफ़्तगू करते हैं।

जिस थियेटरीकल कम्पनी का मैंने ज़िक्र किया है उसमें नवाब मरहूम ने 'ख़ूबसूरत बला,' 'नूर-ए-वतन' और 'बाग़-ए-ईरान' में अपनी अदाकारी के ऐसे जौहर दिखाए कि उसकी धाक बैठ गयी।

नवाब कश्मीरी लखनऊ के बड़े इमाम बाड़े के सैयद मुफ़्ती-ए-आज़म के इकलौते लड़के थे। कुदरत की यह कितनी सितम ज़रीफ़ी है कहाँ इमाम बाड़े का मुफ़्ती-ए-आज़म और कहाँ मँडोह। लेकिन बचपन ही से उसको नाटक से लगाव था।

लखनऊ में एक नाटक कम्पनी आयी जिसका मालिक अग्रवाल था। उस कम्पनी के खेल नवाब बाक़ायदा देखता रहा और उसने महसूस किया कि वह इस सिलसिले के लिए पैदा किया गया है। खेल देख कर घर आता तो घण्टों उस ड्रामे

के याद रहे हुए मुकालमे अपने अन्दाज़ में बोलता।

उस नाटक कम्पनी में चुनांचे एक मरतबा ख़ुद को पेश किया कि वह उसका इम्तिहान लें। डायरेक्टर ने जब नवाब की ऐक्टिंग देखी और मुकालमें की अदाएगी सुनी तो हैरान-ओ-शशदर रह गया। उसने फ़ौरन उसे अपने यहाँ मुलाज़िम रख लिया। यह मुझे मालूम नहीं कि उसकी तनख़्वाह क्या मुक़र्रर हुई।

उस कम्पनी के साथ नवाब कलकत्ता पहुँचे और अपने मज़ीद जौहर दिखाए। काउस जी खटाऊ जी ने उनकी अदाकारी देखी तो उसको अल्फ्रेड थियेटर्ज़ कम्पनी में ले लिया। उन दिनों वह कैरेक्टर ऐक्टर मशहूर हो गये।

सेठ सुखलाल करनानी जो अल्फ्रेड थियेटर के मालिक थे और परले दर्जे के गधे और बेवकूफ़ थे। उन्होंने अपने हवारियों से सुना कि एक ऐक्टर जिसका नाम नवाब है, कमाल कर रहा है। उसका कोई जवाब ही नहीं है तो उन्होंने अपने ठेट अन्दाज़-ए-गुफ़्तगू में कहा, "तो ले आओ साँड़ को।"

वह साँड़ आ गया—और वह साँड़ नवाब कश्मीरी था। उसको ज़्यादा तनख़्वाह देकर अपने यहाँ मुलाज़िम रखा। वह देर तक मेरा मतलब है दो साल तक करनानी साहब की कम्पनी के खेलों में काम करते रहे।

मुझे याद नहीं कौन सा सन् था—ग़ालबन यह वह ज़माना था जब बम्बई की "इम्पीरियल फ़िल्म कम्पनी" ने हिन्दोस्तान का पहली बोलती फ़िल्म "आलम आरा" बनाई थी।

जब बोलती फ़िल्मों का दौर शुरू हुआ तो मिस्टर बी.एन. सरकार जो बड़े तालीम याफ़्ता और सूझ-बूझ के मालिक थे। उन्होंने जब न्यू थियेटर्ज़ की बुनियाद रखी तो नवाब कश्मीरी को जिस से वह अक्सर मिलते-जुलते थे। इस बात पर आमादा कर लिया कि वह थियेटर छोड़ कर फ़िल्मी दुनिया में आ जाय।

बी.एन. सरकार नवाब को अपना मुलाज़िम नहीं महबूब समझते थे। उनका जौक़ बहुत अर्फा-ओ-आला था। वह आर्ट के गिरवीदा थे। नवाब मरहूम का पहली फिल्म "यहूदी की लड़की" थी। उस फ़िल्म की हीरोइन "रत्न बाई" थी जिसके सिर के बाल उसके टख़नों तक पहुँचते थे। उस फ़िल्म के डायरेक्टर एक बंगाली मिस्टर अठार्थी थे। (जो अब दुनिया त्याग चुके हैं) उस टीम में हाफ़िज़ जी और म्यूज़िक डायरेक्टर वाली थे। उस तिघड़म में क्या कुछ होता था। मेरा ख़याल है इस मजमून में जायज़ नहीं।

मिस्टर अठार्थी ने जो बहुत पढ़े-लिखे और क़ाबिल आदमी थे मुझसे कहा कि नवाब ऐसा ऐक्टर फिर कभी पैदा नहीं होगा। वह अपने रोल में ऐसे धँस जाता है जैसे हाथ में दस्ताना। वह अपने फ़न का मास्टर है।

हाफ़िज़ जी भी उसकी तारीफ़ में रतबुल्लिसान थे। वह कहते थे कि मैंने अपनी ज़िन्दगी में ऐसा अच्छा ऐक्टर कभी नहीं देखा।

ख़ैर। इन बातों को छोड़िए...मैं अब नवाब ऐक्टर की तरफ़ आता हूँ।

एक फ़िल्म में जिसका उन्वान ग़ालबन 'माया' था मरहूम को जेबकतरे का पार्ट दिया गया। उसने जब सारी कहानी सुनी तो इंकार कर दिया कि मैं यह रोल अदा नहीं कर सकता। इसलिए कि मैं जेबकतरा नहीं हूँ—मैंने आज तक किसी की जेब नहीं काटी—लेकिन वह कलकत्ते के एक वाहियात होटल में हर रोज़ जाता रहा। वहाँ उसकी कई जेबकतरों और उठाई गीरों से मुलाक़ातें होती रहीं—सुना है कि उनके साथ उसने शराब भी पी—हालाँकि उसे इसकी आदत नहीं थी—एक हफ़्ते के बाद वह मुतमईन हो गया। चुनांचे उसने फ़िल्म कम्पनी के मालिक से कह दिया कि वह जेबकतरे का रोल अदा करने के लिए तैयार है।

उसने इस दौरान में कई बदमाशों और बद किरदारों से दोस्ती पैदा कर ली थी। उनके तमाम ख़सायस उसने सीख लिये थे। यही वजह है कि वह इस रोल में कामयाब रहा। मरहूम की ज़िन्दगी यूँ बड़ी पाक-साफ़ थी। उनके एक अज़ीज़ ए. एम. अम्माद हैं। उन्होंने मुझे बताया कि नवाब बड़ा तहारत पसन्द था। शिया था। कोई काम बग़ैर इस्तख़ारे के नहीं करता था। सुन्नी और शिया होने में क्या फ़र्क़ है। लेकिन जब इन दो फ़िरकों में लड़ाई-झगड़े होते हैं तो इतना समझ में आता है कि उनके दिमाग़ों में मज़हबी फ़तूर है।

मैं तो नवाब मरहूम की बात कर रहा था—मैं वह "मुक्ति" का सीन कभी नहीं भूल सकता, जब उसने अपनी बदचलन बीवी को भुने हुए चने दिये—उसके बढ़े हुए हाथ में इतना ग़म-ओ-अंदोह था, जो चेहरा भी ज़ाहिर नहीं कर सकता।

'देवदास' में जब राहगल उसके मुँह पर थप्पड़ मारता है, तो वह कुछ देर अपना चेहरा सहलाता है जहाँ ज़र्ब आयी है और सिर्फ़ इतना कहता है, "तुमने दीनू भाई को मारा।" और—अब मैं क्या कहूँ—सारे हस्सास तमाशाई लरज़ जाते हैं।

फ़िल्म 'ज़िद्दी' मैं जब उसके भतीजे की बीवी (कुलदीप कौर) उसके पास से गुज़रती है। वह गुस्से के आलम में (पराग ऐक्टर से) जा रही होती है—नवाब कश्मीरी मरहूम इनवैलिड चेयर मैं बैठा है—उसको देखता है—और अजीब फ़लसफ़ियाना अन्दाज़ में हम कलामी करता है, "पुर—चली गयी।"

मैं ज़्यादा तफ़सील में नहीं जाना चाहता। लेकिन आपको फ़िलहाल यह बता देना चाहता हूँ जो ग़ालबन अभी तक किसी पर्चे में शायः नहीं हुआ कि उसकी पहली बीवी अपनी वतन की थी। उस लड़की से उसकी कब शादी हुई। इसके मुताल्लिक़ मैं कुछ नहीं जानता।

उस बीवी से उसके कोई औलाद न हुई। जब उस तरफ़ से नाउम्मीदी हुई तो 'नवाब' ने इधर-उधर किसी दूसरे रिश्ते को टटोलना शुरू किया। आख़िर प्रिन्स मेहर क़द्र (बादशाह अवध के बड़े लड़के) की बेटी को अपने निकाह में ले लिया।

जब यह शादी हुई तो घर में एक कोहराम मच गया। 'नवाब' ने कोई परवाह

न की। नतीजा इसका यह हुआ कि उसकी पहली बीवी ने ख़ुदकुशी कर ली। अब आप उस ख़ुदकुशी का मुख़्तसर हाल सुन लीजिए। जब उसकी पहली बीवी को मालूम हुआ कि उसके ख़ाविन्द ने दूसरी शादी कर ली है तो उसने नौकरानी से तोशक मँगवाई। उसपर मिट्टी का तेल छिड़का—उसके बाद अपने तन-बदन पर भी यही तेल मला—अपने कपड़ों को भी उससे मानूस किया—फिर आराम से चारपायी पर लेट कर, दियासलाई जलाई और ख़ुद को आग लगा दी—वह मर गयी—नवाब को मालूम ही नहीं था कि उसकी बीवी कोयला बन गयी है। वह अपनी दूसरी बीवी के साथ दूसरे घर में था।

जब नवाब को मालूम हुआ कि वह मर गयी है तो उसने उसकी तजहीज़-ओ-तकफ़ीन का इन्तिज़ाम किया। बाद में उसे मालूम हुआ कि वह आख़री वक़्त यह वसीयत कर गयी थी कि अपनी दस हज़ार की इनश्योरेंस पालिसी मैं अपने ख़ाविन्द के नाम सिपुर्द करती हूँ। इसके अलावा एक सौ साठ तोला सोना भी मैं उनकी तहवील में देती हूँ।

नवाब यह वसीयत सुन कर बहुत मुताज्जुब हुआ।

उसे देर तक मिट्टी के तेल की बू आती रही थी।

मैं अब कभी सोचता हूँ तो यूँ महसूस होता है कि मैं मिट्टी का तेल हूँ। केरोसीन हूँ। नवाब कश्मीरी हूँ। कश्मीरी मैं भी हूँ। लेकिन इतना ज़ालिम नहीं जितना कि वह था। इसलिए कि उसने सिर्फ़ औलाद की ख़ातिर अपनी पहली बीवी को ख़ुदकुशी पर मजबूर कर दिया।

मैं भी कश्मीरी हूँ—मुझे कश्मीरियों से बहुत मुहब्बत है। लेकिन मैं ऐसे कश्मीरियों से नफ़रत करता हूँ जो अपनी बीवियों से बुरा सुलूक करें।

मैं नवाब मरहूम के फ़न का कायल हूँ। मैं उसे बहुत बड़ा फ़नकार मानता हूँ—लेकिन जब भी मैंने उसे स्क्रीन पर देखा तो मुझे घासलेट (मिट्टी का तेल) की बू आयी।

ख़ुदा करे उसे दोज़ख़ नसीब हो कि वहाँ वह ज़्यादा ख़ुश रहेगा।

रफ़ीक़ ग़ज़नवी

मालूम नहीं क्यों, लेकिन मैं जब भी रफ़ीक़ ग़ज़नवी के बारे में सोचता हूँ तो मुझे मअन महमूद ग़ज़नवी का ख़याल आता है, जिसने हिन्दोस्तान पर सतरह हमले किये थे, जिनमें से बारह मशहूर हैं। रफ़ीक़ ग़ज़नवी और महमूद ग़ज़नवी में इतनी मुमासलत ज़रूर है कि दोनों बुत-शिकन हैं। रफ़ीक़ ग़ज़नवी के पेश-ए-नज़र कोई ऐसा सोमनाथ नहीं था जिसका बुत तोड़कर वह उसके पेट से ज़र्द जवाहर निकालता, फिर भी उसने अपनी ज़िन्दगी में कई तवायफों को (जिनकी तादाद बारह तक पहुँच सकती है) इस्तेमाल किया।

रफ़ीक़ ग़ज़नवी के नाम से मालूम होता है कि उसके आबा-ओ-अजदाद ग़ज़नी के रहने वाले थे। मुझे मालूम नहीं कि उसने ग़ज़नी देखा है या नहीं। सिर्फ़ इतना मालूम है कि वह पेशावर में रहता था। उसको पश्तो बोलना आती है। अफ़ग़ानी फ़ारसी भी जानता है। वैसे आम तौर पर पंजाबी में गुफ़्तगू करता, अंग्रेज़ी अच्छी-ख़ासी लिख लेता है, उर्दू में अगर मज़मून-निगारी करता तो उसका बड़ा नाम होता।

उसको उर्दू अदब से बड़ा शग़फ़ है। उसके पास उर्दू लिटरेचर का काफ़ी ज़ख़ीरा मौजूद है। जब मैंने पहली मरतबा गुलशन महल (बम्बई) में उसके कमरे में बड़ी तरतीब से रखी हुई किताबें देखीं तो मुझे बड़ी हैरत हुई। मेरा ख़याल था कि वह महज़ एक मीरासी है, जिसे अदब से कोई वास्ता नहीं हो सकता। लेकिन जब उससे बातें हुईं तो उसने ऐसे मुसन्निफ़ों का नाम लिया जिनसे मैं वाक़िफ़ नहीं था। उसने मेरी मालूमात में यह इज़ाफ़ा किया कि एक अबुल फ़ज़ल सिद्दीकी हैं जो चरिन्दों और परिन्दों की कहानियाँ लिखने के बहुत बड़े माहिर हैं। चुनांचे मैंने उनके अफ़साने पढ़े और पसन्द किये।

मेरी समझ में नहीं आता कि यह मज़मून जो मुझे रफ़ीक़ ग़ज़नवी पर लिखना है कहाँ से शुरू करूँ। लेकिन मेरा ख़याल है कि यह शुरू हो चुका है और इसका ख़ात्मा भी बिलख़ैर भी हो जायेगा। इसलिए मैं अपने हाफ़ज़े को टटोल कर आपको बताना चाहता हूँ कि उससे मेरी पहली मुलाक़ात कब हुई।

अजीब बात है कि उससे जिस्मानी तौर पर मुतारिफ़ होने से पहले ही मैं उसे जानता था। कैसे जानता था, यह मुझे याद नहीं आज से ग़ालबन चौबीस-पच्चीस

बरस पीछे की बात है, मैं अमृतसर में बिजली वाले चौक से गुज़र रहा था कि एक पान वाले ने मुझे आवाज़ दी। मैं रुककर उसकी दुकान के पास गया तो उसने मुझसे कहा, "बाबू साहब, इतनी देर हो गयी है, अब तो हिसाब चुका दीजिए।"

मैं बहुत मुतहय्यर हुआ, इसलिए कि उस पान वाले से मेरा कोई हिसाब-किताब नहीं था। मैंने उससे कहा, "कैसा हिसाब—मैं तो आज पहली मरतबा तुम्हारी दुकान के पास ठहरा हूँ।"

यह सुन कर पान वाले के होंटों पर माअने ख़ेज़ मुस्कराहट नमूदार हुई। "न देने वाले इसी तरह कहा करते हैं।"

जब मैंने उससे तफ़सील चाही तो पता चला कि वह मुझे रफ़ीक़ ग़ज़नवी समझता था जो उससे उधार लेता रहा था। मैंने उसे यक़ीन दिलाया कि मैं सआदत हसन हूँ तो उसने मुझसे कहा कि मेरी और रफ़ीक़ की शक्ल बहुत मिलती जुलती है।

रफ़ीक़ ग़ज़नवी का नाम तो मैं बहुत पहले सुन चुका था। उससे मिलने की मुझे कोई ख़्वाहिश नहीं थी, पर जब मैंने सुना कि उसकी शक्ल मेरी शक्ल की मुशाबा है तो मुझे उसको देखने का इश्तियाक़ पैदा हुआ।

यह वह जमाना था, जब मैंने आवारागर्दी शुरू कर रखी थी। तबीयत हर वक़्त उचाट-उचाट सी रहती थी। एक अजीब क़िस्म की ख़ुदबुद हर वक़्त दिल-ओ-दिमाग में होती रहती थी। जी चाहता था कि जो चीज भी सामने आये उसे चखूँ, चाहे वह इन्तिहा दर्जे की कड़वी ही क्यों न हो।

तकियों में जाता था। कब्रस्तानों में घूमता था। जलियाँवालाबाग़ में घण्टों किसी सायादार दरख़्त के नीचे बैठकर किसी ऐसे इन्क़लाब के ख़्वाब देखता था जो चश्म-ए-ज़दन में अंग्रेज़ों की हुकूमत का तख़्ता उलट दे। स्कूलों को जाती हुई लड़कियों के झुरमुट देखता था और उनमें कोई अच्छी-सी लड़की मुन्तसिब करके उससे इश्क़ लड़ाने के मन्सूबे तैयार करता था। बम बनाने के नुस्खे हासिल करने की कोशिश करता था। बड़े-बड़े गवैयूयों के गाने सुनता था और क्लासीकल मौसीक़ी को समझने के लिए पेच-ओ-ताव खाता था।

मैंने उस ज़माने में शेर कहने की भी कोशिश की। फर्जी माशूकों के नाम इत्र लगे काग़ज़ों पर बड़े-बड़े तवील मुहब्बत नामे भी लिखे मगर बकवास समझकर फाड़ दिये। दोस्तों के साथ मिलकर चरस के सिगरेट पिये। कोकीन खायी। शराब पी, मगर जी की बेकली दूर न हुई।

शदीद आवरर्गी के उसी दौर में मुझे रफ़ीक़ ग़ज़नवी से मिलने की ख़्वाहिश हुई। चुनांचे मैंने तकियों में शराबख़ानों में और रण्डियों के कोठों पर जा कर पूछा कि रफ़ीक़ ग़ज़नवी कहाँ है, मगर किसी ने उसका ठौर-ठिकाना न बताया। कई बार सुनने में आया कि वह अमृतसर में आया हुआ है। मैंने हर बार बड़ी मुस्तअदी से उसको ढूँढ़ा मगर उसका निशान न मिला।

एक दिन पता चला कि वह अपने एक दोस्त के यहाँ ठहरा हुआ है। उसका यह दोस्त एक दर्ज़ी था (मैं उसका नाम भूल गया हूँ) उसकी बैठक हमारे घर के पास कर्मो डेवढ़ी की एक गली में थी जहाँ वह काम करता था। मैंने 'रफ़ीक़' को यहाँ तलाश किया। मालूम हुआ कि वह शहर के बाहर एक ग़ैर आबाद से एलाके में मुक़ीम है जहाँ उस दर्ज़ी का घर था। यह पता मुझे 'बाले' ने दिया। वह भी वहीं जा रहा था। मौक़ा बड़ा अच्छा था। चुनांचे मैं उसके साथ हो लिया।

मुनासिब मालूम होता है कि मैं यहाँ बाले का तआरूफ़ करा दूँ। मुझे यह बताते हुए दुख होता है कि लोग उसे 'बाला' कंजर कहते थे। मालूम नहीं इंसानों के साथ उनके आबा-ओ-अजदाद की ज़ात क्यों मन्सूब कर दी जाती है। बाला जैसा कि मैं जानता हूँ निहायत ख़ुश ज़ौक़ नौजवान था। तालीम याफ़्ता ख़ूबसूरत, हँसोड़ बज़ला संज, शायर मिज़ाज। उसकी तबियत में वह जौहर था जो किसी भी इंसान को फ़न की बुलन्दियों पर पहुँचा सकता है।

उसको मालूम था कि लोग उसे किस नाम से याद करते हैं, लेकिन उसको इसकी कोई परवाह नहीं थी। वह रहता-सहता वहीं था, जहाँ औरतें अपना जिस्म बेचती हैं। अब वह कराची में रहता है और अपना फ़न बेचता है। पिछले दिनों मुझे एक अख़बार के ज़रिये से मालूम हुआ कि वह एक मशहूर मुसव्विर है जिसकी तस्वीरों की नुमाइश अहल-ए-नज़र हज़रात में बहुत मक़बूल हुई।

"बाला" गाता भी था, मगर उसकी आवाज़ भद्दी थी। कैप्टन वहीद, अनवर पेण्टर, आशिक अली फ़ोटो ग्राफ़र, शायर फ़क़ीर हुसैन सलीस, ज्ञानी अरोड़ सिंह, दनदान साज़ इन सबकी एक बोहीमाना क़िस्म की एक टोली थी। उनका बैठना-उठना ज़्यादातर अनवर पेण्टर या ज्ञानी अरोड़ सिंह की दुकान में होता था या उनकी नाशिस्त जीजे (अज़ीज़) के होटल शीराज़ और उस दर्ज़ी की बैठक में होती थी जिसका नाम मैं भूल गया हूँ।

भँग घोटी या गोश्त में भूनी जाती थी और तबले की थाप पर राग-रागिनियाँ, ठुमरियाँ, दादरे अलापे जाते थे। आशिक अली फ़ोटोग्राफ़र की आवाज़ सुरीली लेकिन बहुत पतली थी। वह अक्सर रफ़ीक़ की बहरों में गाता था। कैप्टन वहीद तबला बजाता था। अनवर पेण्टर सिर्फ़ दाद देता था। ज्ञानी अरोड़ सिंह दाँत उखेड़ना भूलकर ख़ान साहब आशिक अली ख़ान (तान कप्तान ख़ान फ़तह अली ख़ान के फ़र्ज़िन्द) की गम्भीर और बालिश्त भर चौड़ी आवाज़ में अक्सर पहाड़ी सुनाया करता था और 'बाला' सिर्फ़ लतीफ़े। कभी-कभी अपनी ताज़ा ग़ज़ल भी। मुझे उसकी एक ग़ज़ल का सिर्फ़ एक शेर याद रह गया है—

अश्क मिसगाँ पे है अटक सा गया
नोक सी चुभ गयी है छाले में
हाले में, शिवाले में,
उजाले में वग़ैरा-वग़ैरा। अच्छी ग़ज़ल थी।

ज्ञानी अरोड़ सिंह का अच्छा भला काम चल रहा था। मगर जिसे आर्ट की चाट पड़ जाय, उसका अल्लाह ही हाफ़िज़ है। राग की दुनिया में वह ऐसा खोया कि दन्दान-साज़ी की दुकान मये जुमला साज़-ओ-सामान के ग़ायब हो गयी। अनवर पेण्टर का भी दीवाला पिट गया।

आशिक अली फ़ोटोग्राफ़र का भी यही हाल हुआ है। चुनांचे वह एक दिन अमृतसर से ऐसा ग़ायब हुआ कि अभी तक लापता है। जीजे (अज़ीज़) का नाम-ओ-निशान तक बाक़ी न रहा। अब वह लाहौर में मतिब करता है। शायर फ़क़ीर हुसैन सलीस साबुन बना रहा है।

ज्ञानी अरोड़ सिंह कामयाब ऐक्टर बना मगर अब सुना है कि उसने दुनिया त्याग दी है और ख़ुदा से लौ लगाये बैठा है। कैप्टन वहीन ने पाँच बच्चों वाली एक औरत से शादी कर ली। आजकल ठेकेदारी करता है।

रफ़ीक़ ग़ज़नवी जिस रंग में पहले था, उसी में है। करांची में रेस के घोड़े दौड़ाता है और फ़िल्मों में मौसीक़ी भरता है।

बड़ी मुसीबत है, मैंने जब भी ऐसे मौजूआत पर क़लम उठाया जो पुरानी यादों के मुताल्लिक़ हो तो हमेशा बहक गया। अब देखिए मैं बात रफ़ीक़ ग़ज़नवी से मिलने की कोशिश की कर रहा था और चला गया फुरूआत में—लेकिन सच पूछिए तो मुझे फुरूआत ही से मुहब्बत है। मैं ज़िन्दगी को भी एक फ़रोअई चीज़ समझता हूँ।

हाँ जनाब, तो मैं "बाले" के साथ हो लिया। अप्रैल की खुंक रात थी। टाँगा देर तक चलता रहा। आख़िर 'बाले' ने एक नीम-तारीक मक़ाम पर उसे ठहराया। आज से तेईस-चौबीस बरस पहले की बात है, लेकिन मुझे अच्छी तरह याद है कि जिस यक-मंज़िला मकान में हम दाख़िल हुए वह पेड़ों और झाड़ियों से घिरा हुआ था। अन्दर लालटेन जल रही थी। 'मेधा' मोटा और वह दर्ज़ी, जिसका नाम मैं भूल गया हूँ, अपने चन्द दोस्तों के साथ बैठे फ़्लश खेलने और शराब पीने में मशग़ूल थे।

मुझे मीधा मोटा से सख़्त नफ़रत थी। अव्वल तो यह कि वह बहुत मोटा और ताक़तवर था दूसरे यह कि वह ज़बरदस्ती मुझे फ़्लश खेलने को कहता और पत्तेबाज़ी करके मुझ पर आठ-दस रुपये का क़र्ज़ चढ़ा देता और दूसरे-तीसरे दिन मुझे किसी बाज़ार या गली में पकड़ता और अपना ख़ौफ़नाक चाकू दिखा कर उसे वसूल कर लेता।

'बाले' ने दर्ज़ी से रफ़ीक़ के बारे में पूछा तो जवाब मिला कि वह दो रोज़ से ग़ायब है। कहाँ है या हो सकता उसके मुताल्लिक़ उसे इल्म नहीं था। दर्ज़ी ने कहा, "बाले, तुम्हें मालूम ही है जब वह किसी कोठे पर चढ़ता है, पन्द्रह-दिन के बाद ही नीचे उतरता है।"

'बाला' मुस्करा दिया जिसका मतलब यह था कि उसको अच्छी तरह मालूम है।

मेरी यह कोशिश भी बेकार गयी। ग़ालबन एक बरस के बाद मैंने उसका फ़ोटो

आशिक अली के डार्क रूम की एक डिश में पानी पर तैरता हुआ देखा। आशिक अली बहुत अच्छा फ़ोटोग्राफ़र था। ग़ालबन वह पहला शख़्स था जिसने फ़ोटोग्राफी के क़दीम उसूलों के ख़िलाफ़ वर्ज़ी की।

आम तौर पर फ़ोटोग्राफ़र यह करते थे कि अपने गाहक को ख़ुश करने के लिए उसके चेहरे की वह तमाम लकीरें दूर कर देते थे जो इंसान में उसके किरदार और तशख़्खुस की मज़हर होती हैं। वह उसके चेहरे को छिला हुआ आलू-सा बना देते थे, जिसपर कोई दाग-धब्बा हो न कोई सिलवट-लकीर—आशिक अली कहता था, फ़ोटोग्राफर का काम यह है कि इंसान को उस तरह पेश करे जिस तरह कि वह उसे देखता है। कैमरे का काम सिर्फ़ अक्स लेना है और बस।

आशिक़ अली रौशनी और सायों के इमतिज़ाज का ख़ास ख़याल रखता है। रफ़ीक़ को जो तस्वीर मैंने देखी, मेरा ख़याल है वह आशिक़ अली का शाहकार थी। रफ़ीक़ ने अरबों का लिबास पहना हुआ था। उसका लम्बूतरा चेहरा बहुत पुरकशिश था। साये ज़्यादा थे और रौशनियाँ कम। ख़द-ओ-ख़ाल तीखे औ नोकीले नहीं थे मगर जाज़िब-ए-नज़र थे। बड़ी वजीह शक्ल-ओ-सूरत थी। नाक लम्बी जो फुङ्ग के क़रीब चौड़ी हो गयी थी। होंट एक-दूसरे में प्योस्त। उनके दोनों तरफ़ छोटी-छोटी तिकोने। बाल पीछे की तरफ़ कंघी किये हुए। लम्बी क़लमें—मुझे उसमें और अपने में कोई मुमासलत नज़र न आयी। मालूम नहीं उस पान वाले को मुझ पर उसका धोखा कैसे हो गया।

आशिक अली ने मुझे बताया कि रफ़ीक़ परसों आया था और उसी रोज़ शाम को वापस लाहौर चला गया। मैं लाहौर पहुँचा तो मालूम हुआ कि वह रावलपिण्डी में है—अब रावलपिंडी कौन जाता। मैं वापस अमृतसर चला आया। आठवें रोज़ पता चला कि वह अमृतसर ही में एक तवायफ़ के मकान पर नज़र-बन्द था—मैं झुंझला गया।

कई बरस गुज़र गये, मगर रफ़ीक़ ग़ज़नवी से मुलाक़ात की कोई सबील पैदा न हुई। मैं यूँ भी थक हार कर उसको तलाश करने की सरगर्मी तर्क कर चुका था। इस दौरान में अलबत्ता यह मालूम होता रहा कि वह कटरा घनियाँ की क़रीब-क़रीब तमाम मशहूर तवायफ़ों को 'सरफराज़' कर चुका है।

रफ़ीक़ की अपने मख़सूस तर्ज़ में गाई हुई ग़ज़लें हर कोठे पर गाई जाती थीं। यह क्या है जी? —रफ़ीक़ की बहर है। यह क्या अन्दाज़ है सरकार? —हुज़ूर रफ़ीक़ ग़ज़नवी का। यह चकनाचूर घड़ी रफ़ीक़ साहब की है। कल उन्होंने तान जो ली तो ज़ोर से हाथ लहराया। कलाई दीवार के साथ टकराई और घड़ी के हज़ार टुकड़े। परसों रफ़ीक़ ग़ज़नवी एक रण्डी के कोठे पर गाना सुनाने लगा। साज़ सुर में किये गये। रफ़ीक़ ने तबले वाले से कहा, तुम भी करो सुर में अपने तबले। तबलची ने कहा मैं कर चुका हूँ। रफ़ीक़ ने कहा, दोबारा करो—दाएँ पर अभी-अभी एक मक्खी बैठ गयी थी—लानत है उस मक्खी पर और लानत है रफ़ीक़ ग़ज़नवी पर।

उन दिनों यह ग़ज़ल आम तौर पर रफ़ीक़ की बहर में गाई जाती थी। देखिए हाफ़ज़े पर ज़ोर देकर उसका कोई शेर याद करता हूँ—नहीं याद आ रहा। कुछ ऐसा ही था—

सो रहे हैं पासबाँ या रहे ख़्वाब-ए-नाज़ में और ख़ुदा मालूम क्या।

न वह ग़ज़नवी में तड़प रही न वह ख़म है जुल्फ़-ए-अयाज़ में। शायद 'इक़बाल' की कोई ग़ज़ल थी। माफ कीजिएगा मेरा हाफ़ज़ा बहुत कमज़ोर है।

इसके बाद मालूम हुआ कि ए.आर. कारदार, लाहौर में पंजाब का पहला मुतबल्लिम फ़िल्म "हीर राँझा" बना रहा है और रफ़ीक़ इसका हीरो है, यानी राँझा। हीरोइन अमृतसर की एक तवायफ़ अनवरी है (यह आजकल रेडियो पाकिस्तान के डिप्टी डायरेक्टर जनरल जनाब अहमद सलमान साबिक़ जुगल किशोर मेहरा की बेगम हैं) क़ैदो का पार्ट एम. इस्माईल को दिया गया है।

फ़िल्म बन गयी, मगर मैं लाहौर न जा सका। मालूम नहीं क्यों—इस दौरान में मुख़्तलिफ़ अफ़वाहें सुनने में आती रहीं। कारदार का रफ़ीक़ से झगड़ा हो गया है। रफ़ीक़, अनवरी से रोमान लड़ा रहा है। अनवरी की माँ सख़्त बरहम है। ज़रूर एक रोज़ चाकू छुरी चलेंगे—लेकिन एक दिन यह ख़बर आयी कि रफ़ीक, अनवरी को बड़े ड्रामाई अन्दाज़ में ले उड़ा है।

यह ख़बर सच्ची थी। वाक़ई वह अनवरी को ले उड़ा था। अनवरी की माँ बहुत चीख़ी-चिल्लाई थी। रफ़ीक़ के पीछे गुण्डे भी लगाये गये थे, मगर उसने कोई परवाह न की और शरबत-ए-विसाल व्हिस्की के साथ मिला-मिला कर पीता रहा। आख़िर उसने अनवरी को उसकी माँ के पास अमृतसर रवाना कर दिया। इन फ़ातिहाना, मगर निहायत तकलीफ़ दह अलफ़ाज़ के साथ "लो सँभाल लो अपनी" 'सुँडकी पड़ी' को।

वह बेचारी अब अपनी 'सुँडकी पड़ी' को क्या सँभाल के रखती। जिस दिन के लिए उसने उसे सँभाल-सँभाल के रखा हुआ था, उस पर तो रफ़ीक़ ग़ासबाना क़ब्ज़ा कर चुका था। कर चुका था क्या, करके फ़ारिग़ हो चुका था। चुनांचे उसने मसलहत इसी में समझी कि यह "पड़ी" दूसरे लफ़्ज़ो में अपनी 'कुड़ी' गैर मशरुत तौर पर रफ़ीक़ ग़ज़नवी के हवाले कर दे।

रफ़ीक़ ग़ज़नवी का हुस्न-ओ-इश्क़ के सोमनाथ पर यह पहला मअर्का आरा हमला है।

अनवरी के वतन और रफ़ीक़ के नुत्फ़े से एक लड़की पैदा हुई, जिसका नाम ज़रीना रखा गया। (जो 'नसरीन' के फ़िल्मी नाम से ए.आर. कारदार ही के फ़िल्म "शाहजहाँ" में रूही के रूप में जलवागर हुई। हाल ही में रेडियो पाकिस्तान के डिप्टी डायरेक्टर जनरल जनाब अहमद सलमान साबिक़ जुगल किशोर मेहरा की दुख़्तर नेक अख़तर की हैसियत से उसका निकाह कराची में एक साहब सरवत से हुआ था।)

कई और बरस गुज़र गये—इस दौरान में किन-किन पराहिल से मुझे गुज़रना पड़ा, इसका ज़िक्र मुनासिब मालूम नहीं होता। इसलिए कि इस मज़मून का मौज़ू सिर्फ़ रफ़ीक ग़ज़नवी की ज़ात है।

मैं बम्बई पहुँच गया। वहाँ बहुत देर तक अख़बारों में झख मारता रहा। इस दौरान में मुझे मालूम हुआ कि रफ़ीक़ ने अनवरी को छोड़ दिया है और अब कलकत्ते में है। जहाँ वह फ़िल्मों के लिए मौसीक़ी मुरत्तिब करता है।

मैं लिखना शुरू कर चुका था। अदबी हलकों से मेरा तआरूफ़ भी हो गया था। इसलिए उर्दू अदब से दिलचस्पी लेने वाले मुझे जानने लगे थे। देर तक अख़बारों में झख मारने के बाद मैं फ़िल्मी दुनिया में दाख़िल हुआ। यहाँ भी एक-दो बरस में हिन्दोस्तान सीनेटोन पहुँच गया। जिसके मालिक सेठ नानू भाई देसाई थे। आपने कई फ़िल्म कम्पनियाँ क़ायम की, उनका दीवाला निकाला। अब उन्होंने हिन्दोस्तान सीनेटोन के नाम से एक नयी फ़िल्म कम्पनी क़ायम की थी, जिसके क़याम के साथ ही दीवाले के आसार नज़र आने लगे थे।

मैंने उस कम्पनी के लिए “मड” यानी “कीचड़” के उन्वान से एक कहानी लिखी जो बहुत पसन्द की गयी। यह इश्तिराकी ख़यालों पर उसत्वार की गयी थी। मुझे हैरत है, उस ज़माने में सेठ नानू भाई देसाई ने इसे क्यों पसन्द किया।

मैं मुकालमा लिखने में मसरूफ़ था कि मुझसे किसी ने कहा कि रफ़ीक़ ग़ज़नवी स्टूडियो में मौजूद है और तुमसे मिलना चाहता है। पहला सवाल जो मेरे दिमाग़ में पैदा हुआ यह था कि वह मुझे कैसे जानता है। मैं कुछ सोच ही रहा था कि एक लम-तड़ंग आदमी बहुत उम्दा सिले हुए सूट में नमूदार हुआ—यह रफ़ीक़ ग़ज़नवी था।

उसने कमरे में अन्दर दाख़िल होते ही मुझे मोटी गाली दी और कहा, “तुम यहाँ छिपे बैठे हो।”

उसी लम्हे—उसी सानये मुझे ऐसा महसूस हुआ कि मैं रफ़ीक़ ग़ज़नवी को अज़ल से जानता हूँ। चुनांचे हम देर तक इधर-उधर की बातें बड़े बेतकल्लुफ़ अन्दाज़ में करते रहे।

उसके लब-ओ-लहज़े, उसकी हरकात-ओ-सकनात में एक अजब सलही क़िस्म का ला उबालयाना पन था—जो तस्वीर मैंने आशिक़ अली फ़ोटो ग्राफ़र के डार्करूम में डिश के अन्दर पानी में डुबकियाँ लगाती देखी थी, उसमें और गोश्त-पोस्त के रफ़ीक़ ग़ज़नवी में यह फ़र्क़ था कि वह गूँगी थी और यह मुतकल्लिम। लेकिन उसके तकल्लुम का अन्दाज़ उसपर सजता नहीं था। अगर उसके होंट न खुलते अगर खुलते तो बे हगंम तरीक़ पर न खुलते, जो उसके भद्दे दाँतों और मसूढ़ों की बेवजह नुमाइश करते तो मुझे कोई एतराज़ न होता। अगर उसकी गुफ़्तगू में बाज़ारियूयत का रंग न होता तो मैं शायद उसके भद्दे दाँतों और मसूढ़ों को भी बर्दाश्त कर लेता, मगर

मामला इसके बरअक्स था।

उसके हाथ नचाने का अन्दाज़ भी मुझे पसन्द न आया। मुझे यह महसूस होता कि वह जिससे मुख़ातिब है, बड़े अदना तबके से ताल्लुक़ रखता है। यह एहसास ज़ाहिर है कि मेरे लिए ख़ुशग़वार नहीं था। बहरहाल चूँकि पहली मुलाक़ात थी और वह भी इतने इश्तियाक़ के बाद। मैंने इन छोटी-छोटी बातों का गहरा असर न लिया।

जब रफ़ीक़ जाने लगा तो उसने मुझे बताया कि वह बम्बई सेण्ट्रल स्टेशन के सामने एक होटल में (जिसका नाम मैं भूल गया हूँ) ठहरा है। वह बड़ी बे सर-ओ-सामानी की हालत में कलकत्ते से आया था। उसको उम्मीद थी कि बम्बई में उसे काम मिल जायेगा।

चूँकि उसने मुझे मदअऊ किया था, इसलिए मैं शाम को उसके होटल में पहुँचा। थोड़ी सी तलाश के बाद उसका कमरा मिल गया—अन्दर दाख़िल होते ही सबसे पहले मुझे एक कोने में कालीन के एक टुकड़े पर विचित्र बीना नज़र आयी, जो रेशमी कपड़े से ढकी हुई थी। उसके सामने दूसरे कोने में रफ़ीक़ के शू और जूते थे जो बड़े सलीके से रखे हुए थे। फिर मुझे एक औरत नज़र आयी जिसके तवायफ़ होने में कोई शक-ओ-शुबा नहीं हो सकता। यह 'ज़हरा' थी जो अब ज़हरा मिर्ज़ा है। मिर्ज़ा साहब किसी ज़माने में फ़िल्म डायरेक्टर थे, अब पन्द्रह-सोलह बरस से वह फ़िल्म कम्पनी खोलने की कोशिश में मसरूफ़ हैं।

ज़हरा के साथ दो बच्चे थे। एक लड़का, एक लड़की। लड़का छोटा था, लड़की बड़ी। जिसका नाम 'परवीन' था। (यह फिल्मी दुनिया में शाहीनी के नाम से दाख़िल हुई। पहली फिल्म 'बैली' था। जिसकी कहानी मेरी थी। यह बहुत बुरी तरह नाकाम हुई) उसकी उम्र उस वक़्त पाँच बरस की होगी।

देखिए मैं लिखते-लिखते वाक़यात की रौ में ऐसा बहा कि आपको यह बात बताना भूल ही गया कि जब मैं फ़िल्मी दुनिया में दाख़िल हुआ यानी जब मैंने इम्पीरियल फ़िल्म कम्पनी में बतौर 'मुंशी' मुलाज़मत की तो उस ज़माने में दो नौजवान लड़कियाँ लाई गयीं। एक दुबली थी, दूसरी मोटी। (ये ज़हरा की छोटी बहनें थीं, 'शैदा' और 'हीरा')

शैदा बला की चंचल थी। बोटी-बोटी पड़ी नाचती थी। नाक नक़्शा अच्छा, लेकिन बहुत तेज़ बोलती थी। इतनी तेज़ कि एक लफ़्ज दूसरे लफ़्ज़ पर सवार हो जाता। मुझे उससे गुफ़्तगू करते वक़्त बहुत उलझन होती थी। इसी से मुझे मालूम हुआ कि फीकू भाई जान (रफ़ीक़ ग़ज़नवी), अनवरी को छोड़ चुका है और उसने उसकी बड़ी बहन ज़हरा से ब्याह कर लिया है।

'हीरा' मोटी और फुसफुस थी। यही वजह है कि वह फ़िल्मों में न चल सकी। शैदा को इम्पीरियल की रंगीन फ़िल्म "हिन्द माता" में काम मिल गया जो कामयाब रहा।

मैं आपको एक दिलचस्प लतीफ़ा सुनाता हूँ। एक रोज़ मैं किसी काम से इम्पीरियल फिल्म कम्पनी के मालिक सेठ आरडीशर ईरानी से मिलने गया। दफ़्तर का 'स्विंग डोर' खोलता हूँ तो क्या देखता हूँ कि सेठ बड़े इत्मीनान से शैदा का एक पिस्तान यूँ दबा रहे हैं जैसे किसी मोटर कार का हार्न—मैं उल्टे पाँव वापस चला आया।

अब मैं फिर 'ज़हरा' की लड़की 'परवीन' की तरफ़ आता हूँ। उसकी आँखें नीली थीं जिस तरह ज़रीना अलमारूफ़ 'नसरीन' की हैं। रफ़ीक़ की आँखें नीली नहीं। 'अनवरी' और 'ज़हरा' की भी नहीं और ये दोनों बिल तरतीब 'ज़रीना' और 'शाहीना' की माँएँ हैं। असल में आँखों का यह नीलापन इन लड़कियों को उनकी दादी से मिला है। उसकी आँखें यह बड़ी-बड़ी और नीलगूँ थीं। क़द-काठ की बहुत तगड़ी थी मगर चुनिया बेग़म की रसिया।

ख़ैर—रफ़ीक़ मुझसे मिला। मैं कमरे का जायज़ा लेते ही भाँप गया था कि वह इन्तिहाई कस्मपुर्सी के आलम में यहाँ आया है और तलाश-ए-रोज़गार में सरगर्दा।

मैं यहाँ आपको रफ़ीक़ की अजीब-ओ-ग़रीब शख़्सियत का एक अजीब-ओ-ग़रीब पहलू दिखाना चाहता हूँ। जब उस पर बम्बई की ज़बान में कड़की बमायनी मुफ़लिसी का ज़माना आता है तो वह मामूली कपड़े पहनने लगता है—यूँ वह हर लिबास में बाँका-सजीला नज़र आता है। उसको हर लिबास पहनने का सलीक़ा है।

होटल के कमरे में हम थोड़ी देर रहे। इसके बाद नीचे बाग़ीचे में चले गये। मैं व्हिस्की की बोतल अपने साथ लाया था, चुनांचे हम देर तक पीते और बातें करते रहे। इस दौरान में एक दिलचस्प वाक़अ ज़हूर पज़ीर हुआ।

हम पी रहे थे कि एक भरे-भरे जिस्म और अच्छे ख़ासे डील-डौल की औरत आयी। उसने रफ़ीक़ की तरफ़ अपनी चुँधी आँखों से देखा और मुस्करा कर कुर्सी पर बैठ गयी। रफ़ीक़ ने उसको गिलास पेश किया जो उसने ले लिया। इसके बाद रफ़ीक़ ने मेरा उससे तआरूफ़ कराया।

वह कोई फ़िल्म-ज़दा औरत थी। मैं औरत ही कहूँगा, इसलिए कि वह लड़कपन के हद्द से बहुत आगे निकल चुकी थी। रफ़ीक़ ने मुझे बताया कि वह सिक्ख मज़हब से ताल्लुक़ रखती है और काफ़ी मालदार है। बम्बई सिर्फ़ इसलिए आयी है कि अशोक कुमार के सिर्फ़ एक बार दर्शन हो जायें। मैंने उससे कहा, "साली छोड़ अशोक कुमार को अपना डील-डौल देख, तुम्हारी छाती पर अशोक कुमार को बैठा दूँ तो ऐसा मालूम होगा तोता तोप चला रहा है।"

ज़िला जगत फब्ती रफ़ीक़ का महबूब तरीन मशग़ला है, बल्कि यूँ कहिए कि यह उसकी तबीयत बन चुका है। वह सिक्खनी (जिसका नाम मैं भूल गया हूँ) यह फब्ती सुन कर ख़ामोश रही। लेकिन रफ़ीक़ ने बड़े ज़ोर का क़हक़हा बुलन्द किया और देर तक हँसता रहा।

यह भी उसकी आदत है कि फब्ती कहेगा, चुस्त हो या फुसफुसी। कोई दाद दे न दे, लेकिन वह ख़ुद अपने को ख़ूब दाद देगा। इतना हँसेगा, इतना शोर मचाएगा कि मजबूरन आपको भी उस गुल फ़पाड़े में शरीक होना पड़ेगा।

सिक्खनी मामूली शक्ल-सूरत की थी। मोटो-मोटे नक़्श। बहुत ही तंग माथा मर्दनमु। रफ़ीक़ उससे बातें कर रहा था मगर मुझे एहसास था कि उसे उस औरत से कोई दिलचस्पी नहीं। उसकी बातें महज़ बराय बातें थीं। वह उस पर यह ज़ाहिर कर रहा था कि वह उससे जिस्मानी रिश्ता क़ायम करना चाहता है, मगर उसके दिल-ओ-दिमाग़ पर अशोक कुमार सवार था। रफ़ीक़ ने जब ज़ोर दिया तो वह ठेठ देहाती सिक्खनियों के अन्दाज़ में झुँझला के बोली "सुन ले रफ़ीक़, मैं कुत्तों..."

रफ़ीक़ ने फ़ौरन उसे टोका "बस, बस, बस...तुम नहीं जानती हो। मैं बहुत बड़ा कुत्ता हूँ। बड़ी आला नस्ल का।"

नस्ल-वस्ल के मुताल्लिक मैं कुछ नहीं जानता, लेकिन इतना कह सकता हूँ कि रफ़ीक़ ग़ज़नवी वाक़ई बहुत बड़ा कुत्ता है जिसकी दुम सिर्फ़ तवायफ़ें ही हिला सकती हैं। कोई शरीफ़ ख़ातून लाख पुचकारे-चुमकारे उसकी दुम में ख़फ़ीफ-सी भी जुम्बिश पैदा नहीं होगी।

यह मेरी उसकी पहली मुलाक़ात थी। इसके बाद हम एक-दूसरे से मिलते-जुलते रहे। मैं यहाँ उसके किरदार का एक और पहलू बाज़ह कर दूँ कि वह अव्वल दर्जे का कमीना, सिफ़ला और ख़ुदगर्ज़ है। अपनी ज़ात उसके लिए सबसे मुक़द्दम है। वह खाना जानता है, खिलाना नहीं जानता। लेकिन मतलब होगा तो वह बड़ी पुर तकल्लुफ़ दावतें भी करेगा। मगर इन दावतों में भी वह मेहमानों का कुछ ख़याल न करते हुए, सबसे पहले मुर्ग़ के बेहतरीन हिस्से अपनी प्लेट में डाल लेगा।

वह दोस्तों को बहुत कम सिगरेट पेश करता है। मैं आपको एक वाक़अ सुनाता हूँ जब मुझे बड़ी ख़िफ़्फ़त का सामना करना पड़ा। एक स्टूडियो में उससे मुलाक़ात हुई। जंग का ज़माना था। सिगरेटों के तमाम अच्छे ब्राण्ड ब्लैक मार्केट में बिकते थे। मैंने उसके हाथ में 'क्रेवन ए' का डिब्बा देखा। ये मेरे मरगूब सिगरेट हैं। मैंने हाथ बढ़ाकर डिब्बा पकड़ना चाहा, मगर उसने अपना हाथ झटक कर एक तरफ़ कर लिया। मैंने कहा, "एक सिगरेट देना यार।"

रफ़ीक ने पीछे हटकर डिब्बा अपनी जेब में डाल लिया। "नहीं मंटो—अव्वलन मैं अपना सिगरेट किसी को दिया नहीं करता। सानयन यह सिगरेट आला दर्जे के हैं। तुम्हारी आदत बिगड़ जायेगी। तुम अपने गोल्ड फ्लैक पिया करो।"

मेरे जानने वाले तीन-चार आदमी पास खड़े थे। मैं पानी-पानी हो गया। समझ में न आया, क्या कहूँ और क्या करूँ। नाचार खिसयाना हो कर अपनी टाँग नोचना शुरू कर दी।

रफ़ीक़ परले दर्जे का बेग़ैरत कहने को तो पठान है, लेकिन ग़य्यूर क़तअन

नहीं। सुना है कि पहले उसका सिलसिला ज़हरा की माँ से था। इसके बाद उसकी बड़ी लड़की मुश्तरी से हुआ। फिर ज़हरा की बारी आयी, आख़िर में शैदा की।

मुझे मालूम नहीं शैदा से उसका टाँका कैसे मिला। इतना याद है कि वह उन दिनों 'माहिम' में रहता था। ऐंक्लीटो मेन्शन की बालाई मंज़िल पर उसका फ़्लैट था। उसके सामने मेरी बहन रहती थी।

मेरी शादी हो चुकी थी और मैं एडल्फ़ी चैम्बर्ज़ क्लेयर रोड में मुक़ीम था। रफ़ीक़ का हमारे यहाँ आना जाना था। रेडियो स्टेशन पर भी हमारी अक्सर मुलाक़ात हो जाती थी। एक रोज़ वह अपना प्रोग्राम ख़त्म करके स्टूडियो से बाहर निकला तो बड़ी अफ़रा-तफ़री में था। देर के बाद मिला था, इसलिए मैंने पूछा, सुनाओ रफ़ीक़ क्या हो रहा है आजकल।

उसने जवाब दिया, "इश्क़ हो रहे हैं—दुबले हो रहे हैं।"

वाक़ई इश्क़ हो रहे थे। क्योंकि एक दिन मालूम हुआ कि 'ज़हरा' की छोटी बहन ख़ुर्शीद (शैदा) ने अफ़ीम खा ली है। (ज़हरा भी चुनिया बेगम की आशिक है) दोनों बहनों में ज़बरदस्त चिख़ हुई थी। ज़हरा को सख़्त नागवार गुज़रा था कि शैदा उसके ख़ाविन्द को उससे छीन रही है। अल्हड़ जवान शैदा जिसको मालूम नहीं उसका फेकू भाई जान उसे मुहब्बत के कितने जाम पिला चुका था। सिर से पैर तक नशे में डुबी हुई थी। वह जो कहते हैं इश्क़ और जंग में हर एक चीज़ जायज़ है, ख़ुद को हक़ ब जानिब समझती थी और फिर ख़ुद रफ़ीक़ उसकी तरफ़ मायल था। उसकी समझ में नहीं आता था कि उसकी बड़ी बहन मोतरिज़ क्यों है—चिख़ ज़बरदस्त लड़ाई की शक्ल इख़्तियार कर गयी। नतीजा यह निकला कि शैदा ने ज़हरा की अफ़ीम उड़ाकर निगल ली ताकि इश्क़ की राह में अपनी जान दे दे। लेकिन जिसको अल्लाह रखे उसे कौन चखे। वह शहादत का रुतबा हासिल करते-करते बच गयी और इस हादसे का अंजाम बख़ैर यूँ हुआ कि रफ़ीक़ जहरा के दिल का मकान ख़ाली करके शैदा के दिल की नयी कोठी में एक़ामत पिज़ीर हो गया।

सुना है कि तातीलों में वह कभी-कभी शैदा की मोटी बहि हीरा के दिल के डाक बँगले में भी ठहर जाया करता था—रहे नाम अल्लाह का और उसके एक नाचीज़ बन्दे रफ़ीक़ ग़ज़नवी का।

जब रफ़ीक़ का इश्क़ ज़ोरों पर था, उस ज़माने में लेडी जमशेद जी रोड माहिम के गुलशन महल में लाहौर के एक लाला जी आ के ठहरे। आपके साथ एक ख़ूबसूरत लड़की ज़ैबुन निसा थी। लाला जी अजीब-ओ-ग़रीब आदमी थे। आग लगाने को भी रुपया काफ़ी था। उनको इस बात की कोई परवाह नहीं थी कि उनकी ज़ेब पस-ए-पर्दा क्या करती है, क्या नहीं करती। वह अपने चुग़दपने में मस्त रहना चाहते थे। रफ़ीक़ दो-एक मरतबा लाला जी से मिलने आया तो उसकी आँख ज़ेब से लड़ गयी। लड़की सादा लौह थी। ग़रीब ने घर की सब अच्छी चादरें, ग़िलाफ़ दरियाँ बग़ैरा

रफ़ीक़ के हवाले कर दीं। उसको खिलाती-पिलाती भी रही। लेकिन रफ़ीक़ बहुत जल्द उससे उकता गया। मैंने वजह पूछी तो कहने लगा, "बड़ी शरीफ़ औरत है—मुझे लुत्फ़ नहीं आता।"

रफ़ीक़ को औरत में शराफ़त बहुत बुरी तरह खलती है। मालूम नहीं क्यों। यही हो सकता है कि उसका वास्ता चूँकि शुरू ही से एक ऐसे तबक़े की औरतों से पड़ा था, फुहरा कलामी और जुगत बाज़ी जिनका ओढ़ना-बिछौना होती है, जो सस्ते और बाज़ारी क़िस्म के मज़ाक़ करती हैं और ऐसे ही हँसी ठट्ठे की दूसरों से तवक़्क़ुअ करती हैं। इसलिए रफ़ीक़ के लिए शरीफ़ ख़्वातीन में कोई कशिश नहीं थी—उसकी जिस्मानी हिस्सियात को बीवीपना बेदार नहीं कर सकता था।

कहने को तो वह हर उस तवायफ़ का शौहर था जो उसकी 'नीब बायराना' ज़िन्दगी में आयी, लेकिन दर हक़ीक़त वह उसका गाहक था—आम गाहक नहीं—ख़ास गाहक, (जो तवायफ़ से लेता है, उसको देता नहीं) जैसा कि रफ़ीक़ अपनी इब्तिदाई ज़िन्दगी में था।

जहाँ तक मैं समझता हूँ, ज़िन्दगी भी रफ़ीक़ के नज़दीक एक तवायफ़ है। वह हर रात उसके साथ सोता है। सुबह उठते ही साँस के साथ वह उससे जुगतबाज़ी शुरू कर देता है। उसका गाना सुनता है, अपना सुनाता है। फक्कड़बाज़ी होती है और यूँ एक दिन ख़त्म हो जाता है।

मैंने उसको कभी मलूल नहीं देखा। वह बेहयाई और ढिढाई की हद तक हर वक़्त ख़ुश रहता है। यही वजह है कि वह तन्दुरुस्त है। इतनी उम्र होने पर भी आप उसे मुअम्मर नहीं कह सकते। बल्कि ज्यों-ज्यों उसकी उम्र में इज़ाफ़ा हो रहा है वह जवान होता चला जा रहा है। मुझे कोई ताज्जुब नहीं होगा अगर सौ बरस पूरे होने पर वह नन्हा-मुन्ना बच्चा बन जाय और अँगूठा चूसना शुरू कर दे।

वह शिवाजी पार्क में रहता था। शेदा के मुर्दा बच्चा पैदा हुआ। मैं और मेरी बीवी अफ़सोस करने गये तो एक अजीब-ओ-ग़रीब तमाशा देखने में आया।

रफ़ीक़ फ़र्श पर कुरा कुली टोपी पहने नमाज़ पढ़ने के अन्दाज़ में बैठा था। मैं अन्दर दाख़िल हुआ तो दूसरे कमरे से जहरा स्याह मातमी लिबास में नमूदार हुई। बाल खुले थे और आँखें नमनाक। उसके साथ उसका शौहर 'मिर्ज़ा' था जो रफ़ीक के लड़के की मौत से बहुत मुतासिर दिखायी देता था। दूसरे कमरे से शैदा के रोने की आवाज़ आयी तो ज़हरा लपक कर अन्दर गयी और बुलन्द आवाज़ में उसको दिलासा देने लगी। मैं रफ़ीक़ के पास मबहूत बैठा सोच रहा था कि या अल्लाह यह क्या मज़ाक़ है।

रफ़ीक़ किसी ज़माने में ज़हरा का ख़ाविन्द था। उसके वतन से रफ़ीक़ के दो बच्चे थे, जो इस कमरे से उस कमरे में जाते और कभी उस कमरे से इस कमरे में आते। रफ़ीक़ अब ज़हरा की बहन शैदा का शौहर था और ज़हरा का मिर्ज़ा। शैदा,

ज़हरा की बहन थी और सौत भी। रफ़ीक़ के बच्चे शैदा के क्या लगते थे। बहन के रिश्ते से ज़ाहिर है, परवीन भांजी और महमूद भांजा और शैदा के जो मुर्दा लड़का पैदा हुआ है, वह ज़हरा का भांजा। परवीन और महमूद का रिश्ता रफ़ीक़ के नुत्फ़े को पेश-ए-नज़र रखते हुए इस मुर्दा लड़के से जो हुआ वह ज़ाहिर है—रफ़ीक़ और मिर्ज़ा दोनों एक-दूसरे के हम-ज़ुल्फ़ हुए—मैं चकरा गया। लेकिन रफ़ीक़ ने बर वक़्त मुझे इस उलझन से निजात दी और कहा, "आओ बाहर चलें।"

हम बरामदे में पहुँचे तो रफ़ीक़ ने कुरा कुली उतार कर ज़ोर से एक तरफ़ फेंकी और सिगरेट सुलगा कर कहा, "दुर फ़िट्टे मुँह—ग़म करते-करते चेहरा लम्बूतरा हो गया है" और खिलखिला कर हँसने लगा।

गैरत, शर्म और हया शायद इज़ाफ़ी चीज़ें हैं। आप मुझसे बहस करेंगे तो मैं मान लूँगा कि यह वाक़ई हैं। बहन-भाई के अज़दुवाजी रिश्ते में क्या क़बाहत है। बाप-बेटी के जिस्मानी ताल्लुक में क्या बुराई है। इसी तरह एग़लाम बाज़ी को ख़िलाफ़-ए-वज़अ फ़ितरी अमल क्यों क़रार दिया जाता है, जबकि यह रूजहान इन्सान की फ़ितरत में अज़ल में मौजूद है—कुछ भी हो। आप मुझे कमज़ोर कह लीजिए, रजअत पसन्द बना दीजिए, लेकिन इन बातों के तसव्वुर ही से मुझे घिन आती है।

अर्सा हुआ, मैं बम्बई से अपने किसी मुक़दमें के सिलसिले में लाहौर आया, उन दिनों रफ़ीक़ भी वहीं था। उससे मुलाक़ात सैय्यद सलामत उल्लाह शाह के नीलाम घर में हुई। अल्लाह बख़्शे शाह साहब बड़े रंगीले आदमी थे। मैंने उनसे रफ़ीक़ का पूछा तो उन्होने बताया कि अन्दर कमरे में है और बहुत ख़ुश है।

मालूम हुआ कि वह अमृतसर में अपनी बेटी ज़रीना अल मारूफ़ नसरीन (अनवरी के वतन से) से मुलाक़ात करके आया है। रफ़ीक़ ने उसका बचपन देखा था। उसकी जवानी देखने का इत्तफ़ाक़ नहीं हुआ था। असल में अनवरी ने कोई ऐसा मौक़ा ही न आने दिया था कि नसरीन अपने बाप को देख सकती। उससे यही कहा गया था कि वह बहुत बदसूरत और बदमाश है।

रफ़ीक के दोस्तों ने मिलजुल कर मंसूबा बनाया और बाप-बेटी की मुलाक़ात का इन्तिज़ाम कर दिया। रफ़ीक़ अमृतसर पहुँचा और 'ज़रीना' से मिला। रफ़ीक़ ने मुझसे कहा, "मंटो—सर्व क़द। बेहद ख़ूबसूरत। जवानी से भरपूर। मैंने जब उसे अपने बाज़ुओं में भींचा तो ख़ुदा की क़सम मज़ा आ गया।"

मैं उसके इन अल्फ़ाज़ पर कोई तबसरा नहीं करना चाहता।

रफ़ीक़ ने मुझे बताया कि वह रुख़सत होने ही वाला था कि 'अनवरी' आन टपकी हल्की-सी चिख़ हुई। रफ़ीक ने उससे कहा, "ख़ामोश रह अनवरी। शुक्रिया अदा कर कि तुझे एक सोने की खान का मालिक बना दिया है मैंने"।

मालूम नहीं रफ़ीक़ ने ऐसी सोने की खानें किस-किस को अता की हैं। रोज-ए-महशर जब ख़ुदाई होगी, उसी वक़्त पता चल सकेगा। वैसे रफ़ीक़ ने एक

बार मुझसे कहा था, "मुझे मालूम नहीं मेरे बच्चे-बच्चियों की तादाद कितनी है–अल्लाह बेहतर जानता है कि वह सबसे बड़ा मर्दुम शुमार है।"

रफ़ीक़ की एक "सगी" बीवी भी थी, यानी सुनहरे जलवों की ब्याही। यह ग़रीब शादी के तीन-चार साल बाद ही मर गयी। उसके वतन से एक लड़की 'ज़ाहिरा' है, जो पहले फिल्म डायरेक्टर 'ज़ेया' सरहदी की बीवी थी और अब तलाक़ ले कर कराची में अपने बाप के साथ रहती है।

मुझे इस लड़की की ज़िन्दगी की कव्ल अज़ वक़्त तबाही का बहुत अफ़सोस है और मैं समझता हूँ इस तबाही में रफ़ीक़ का हाथ है, इसलिए कि वह हमेशा उसको अपनी ज़िन्दगी का साँचा पेश करता था और कहता था, तुम इसमें ढल जाओ। यह हक़ीक़त उसकी आँखों से मालूम नहीं क्यों ओझल रही?

नतीजा इसका यह हुआ कि वह आज एक इबरत अंगेज़ ख़राबे में तब्दील हो चुकी है। उसकी शादी के मुताल्लिक़ बम्बई में एक झगड़ा-सा पैदा हो गया था। वह भी रफ़ीक़ की गफ़लत के बायस। इसको दूर करने के लिए उसने 'ज़ाहिरा' से कहा, "देख पुत्तर, तूँ नज़ीर लुधियानवी से शादी नहीं करना चाहती न कर–'ज़ेया' सरहदी से कर। तज़बज़ुब में है तो दोनों से कर ले। अगर ये तुम्हें धोखा दे गये तो कोई फ़िक्र न करना–मैं तेरा सबसे बड़ा ख़विन्द हूँ। तेरा बाप।"

'नज़ीर' लुधियानवी को ज़ाहिरा ने धोखा दिया। ज़ाहिरा को जेया सरहदी ने। अब वह अपने सबसे बड़े ख़ाविन्द–अपने बाप रफ़ीक़ ग़ज़नवी के पास है। बीड़ियाँ पीती है और उनकी राख में अपनी जवानी की वे तमाम चुलबुलाहटें कुरेद-कुरेद कर निकालने की नाकाम कोशिश करती है जो कोई मुसतक़िल संजीदा शक्ल इख़्तियार कर सकती थीं।

मैं 'ज़ाहिरा' के मुताल्लिक और कुछ नहीं लिखूँगा इसलिए कि मेरे दुख में इज़ाफ़ा होगा।

रफ़ीक में खिलन्दरापन इस उम्र में भी मौजूद है। छोटी सी बात होगी और वह हँस-हँस कर अपना बुरा हाल कर लेगा। बहुत ख़ुश होगा तो उछलना-कूदना शुरू कर देगा।

हम फ़िल्मिस्तान में 'चल-चल रे नौजवान' बना रहे थे। हीरो अशोक और हीरोइन नसीम बानो (परी चेहरा) थी। रफ़ीक़ इस फ़िल्म में एक रोल अदा कर रहा था। उसने मुझे बताया था कि वह नसीम की माँ छमियाँ (शमशाद) को जानता है जो किसी ज़माने में दिल्ली की क़यामत ख़ेज़ तवायफ़ थी।

दिल्ली में एक रात उसे छमियाँ के बाला ख़ाने पर जाने का इत्तफ़ाक़ हुआ। छमियाँ गा रही थी और साथ ही साथ बिल्लौरे सुराही से जाम भर-भर के पी रही थी। मुजरा सुनने वाले और भी थे शहर के रईस। छमियाँ उसकी तरफ़ देख कर मुस्कराई और इशारे से अपने पास बुला करएक जाम पेश किया–रईस पीते गये और वह

पन्द्रह रोज़ तक उसके बाल-ख़ाने में ज़ेर-ए-हिरासत रहा।

मैंने नसीम से उसका तआरूफ़ कराया। रफ़ीक ने उसको जब दिल्ली में देखा तो वह छोटी सी बच्ची थी जो बक़ौल रफ़ीक हर वक़्त चुनरिया ओढ़े इधर-उधर फुदकती रहती थी।

नसीम, रफ़ीक़ को जानती थी। उनमें जो गुफ़्तगू हुई बहुत पुर तकल्लुफ़ थी। इसकी वजह यह है कि नसीम अदब-आदाब और रख-रखाव मलहूज़ रखती है। उसने रफ़ीक को ऐसा कोई मौक़ा न दिया कि वह "ढीली" क़िस्म की बात कर सकता। लेकिन वह उसी में ख़ुश था। इतना ख़ुश कि मेरे कमरे में पहुँचते ही उसने बेतहाशा नाचना शुरू कर दिया। नसीम के हुस्न की तारीफ़ में ज़मीन-आसमान के कुलाबे मिलाता वह मेज़ पर चढ़ा। वहाँ से धम करके फ़र्श पर गिरा और लोटने लगा। लोटते-लोटते मेज़ के नीचे चला गया। उठा तो उसका सिर तड़ाक से उसके साथ टकराया। इसकी परवाह न करते हुए उसके नीचे से निकला और गाने लगा।

वह चले, झटक के दामन मेरे दस्त-ए-नातवाँ से
वह...वह...वह चले...वह चले...वह चले

मेरा ख़याल है रफ़ीक़ चाहता था कि नसीम बानो से भी सिलसिला हो जाय, मगर अँगूर खट्टे थे। इसलिए उसने कोशिश फुजूल समझी और उसे देख-देख कर ही अपना 'जी पशोरी' करता रहा।

नूरजहाँ ग़ालबन उसके हत्थे चढ़ जाती, लेकिन वह बहुत बुरी तरह फ़िल्म डायरेक्टर सैय्यद शौकत हुसैन रिज़वी की मुहब्बत में गिरफ़्तार थी। मैं इसके मुताल्लिक़ किसी क़दर तफ़सील से अपने मज़मून "नूरजहाँ सुरूर जाँ" में लिख चुका हूँ। अलबत्ता रक़्क़ासा 'सितारा' बग़ैर रफ़ीक़ की ख़्वाहिश के और बग़ैर अपने इरादे के सरफ़राज़ हो गयी।

अरोड़ा और उसका झगड़ा था। बीच में नज़ीर (ऐक्टर) भी था। इस तिगड्डम की गिरहें खोलते-खोलते रफ़ीक़ ने सितारा की गिरह भी खोल दी। कुछ इस तरह कि इसका पता रफ़ीक़ को चला न सितारा को।

सोहराब मोदी 'सिकन्दर' बना रहा था। ज़हूर अहमद 'पौन पुल' (बम्बई में जिस्म फ़रोशों की मण्डी) से एक नौ वारिद और नौजवान तवायफ़ मीना को ले उड़ा था। उसने इस नौरवज़ को अपनी बीवी बना लिया था। वह मेनर्वा मूवी टोन में मुलाज़िम थी। रफ़ीक़ ग़ज़नवी ने 'सिकन्दर' के लिए एक मार्शल कोर्स मुरतिब किया। उसके बोल शायद ये थे—

ज़िन्दगी है प्यार से, प्यार से बताए जा
हुस्न के हुज़ूर में अपना सिर झुकाए जा

यह कोर्स बहुत मक़बूल हुआ। शायद इसी ख़ुशी में उसने मीना के हुस्न के हुज़ूर मैं अपना सिर झुका दिया मगर ज़्यादा देर तक झुकाए न रखा। तीन-चार सजदे

किये और मुसल्ला उठाकर चल दिया।

पौन पुल ही मैं हैदराबाद से दो बहनें ग़ालबन शहज़ादा मुअज़्ज़म जाह से अपनी जान छुड़ाकर आबाद हुईं। बड़ी का नाम 'अख़्तर' था छोटी का 'अनवर'। इनका वतन दरअसल आगरा था। 'अनवर' बाली उम्र की थी। यही कोई चौदह-पन्द्रह बरस की। दोनों मुजरा करती थीं। अनवर की मिस्सी की रस्म अभी तक अदा नहीं हुई थी। बड़ी पर हमारे दिल्ली के एक दोस्त 'हल्दया' साहब सौ जान से फ़िदा थे।

एक रात मुझे 'हल्दया' साहब के साथ इन दो-बहनों के बाला ख़ाने पर जाने का इत्तिफ़ाक़ हुआ। मुजरा सुनने के बाद बातें शुरू हुईं तो रफ़ीक़ ग़ज़नवी का ज़िक्र आया। मैंने कहा, "बड़ा हरामज़ादा है।"

छोटी (अनवर) ने एक तीख़ी सी मुस्कराहट के साथ मेरी तरफ़ देखा, "आपकी शक्ल उससे मिलती-जुलती है।"

मुझसे कोई जवाब बन न आया और पेच-ओ-ताब खा के रह गया।

इस वाक़ये का जिक्र मैंने रफ़ीक़ से किया। वह उनको नहीं जानता था। मुझसे पता पूछकर उसने उनके यहाँ आना-जाना शुरू कर दिया। मेरा ख़याल है यह सिलसिला कम-अज़-कम एक बरस तक जारी रहा। रफ़ीक़ ने पेशनगोयी की कि 'अनवर' एक दिन बहुत बड़ी मुग़न्निया बनेगी और ठुमरी गाने में उसका कोई जवाब न होगा। यह सही साबित हुई। जिन लोगों ने उसे सुना है इसकी तसदीक करेंगे।

बम्बई के बाद मैंने अनवर बाई आगरे वाली को दिल्ली रेडियो स्टेशन में देखा, जहाँ मैं उन दिनों मुलाज़िम था—हड्डियों का ढाँचा थी। अल्लाह-अल्लाह क्या इन्क़िलाब था। चन्द बरसों ही में यह काया पलट—पौन पुल का वह चुलबुलापन, वह शरीर और तीखा ग़मज़ह मालूम नहीं कौन ज़ालिम उसके वजूद से नोच कर ले गया था। अब वह एक लम्बी आह थी, बड़ी नाज़ुक हवा के हल्के से हलकोरे से भी जिसके हज़ार टुकड़े हो सकते थे।

माइक्रोफ़ोन के सामने गावताकिए का सहारा ले कर बैठी और तांबूर के साथ अपनी सिर लगा देती कि उसकी नहीफ़ गर्दन को सिर का सारा बोझ न उठाना पड़े—फिर वह गाती और उसकी आवाज़ सुनने वालों की रूह की गहराइयों में उतर जाती।

'रफ़ीक़' गवैय्या कम है मदारी ज़्यादा है। वह आपको अपना गाना सुनाने से पहले ही वज्द में ले आयेगा। बाजे के किसी सुर पर उँगली रखेगा और ख़ुद पर सिर-ता-पा रक़्क़त तारी करके कहेगा "हाय" यह हाय बहुत लम्बी होगी फिर वह दूसरे सुर को दबायेगा और उससे भी लम्बी "हाय" उसके हलक़ से निकलेगी जो सामअयीन के रोंगटे खड़े कर देगी। इसके बाद वह बाजे में मज़ीद हवा भरेगा। उसकी आँखों की पुतलियाँ ऊपर चढ़ जायेंगी। एक जिगर दोज़ आह उसके सीने की गहराइयों से निकलेगी और जब वह किसी और सुर पर उँगली रखेगा तो उसपर हाल

की कैफ़ियत तारी हो जायेगी। क़रीब होगा कि सुनने वाले अपने कपड़े फाड़ने और सिर के बाल नोचने लगें कि एकदम बेतहाशा हँसना शुरू कर देगा और बाक़ायदा गाने लगेगा। आपको यूँ महसूस होगा कि प्यासी ज़मीन पर सावन की झड़ी खुलकर बरस जाने के बाद कोई माशकी अपनी मुश्क से छिड़काव कर रहा है।

गाते वक़्त बहुत बुरे-बुरे मुँह बनाता है। ऐसा लगता है कि उसे क़ब्ज़ है। उसके पेट में शिद्दत का दर्द है जिसके बायस वह पेच-ओ-ताब खा और कराह रहा है। उसको गाते देख कर (ख़ास तौर पर जब वह कोई पक्का गाना गा रहा हो) या तो ख़ुद आपको तकलीफ़ होगी या उसकी हालत पर तरस आयेगा और आप खुलूस दिल से दुआ करेंगे कि ख़ुदा उसे इस कर्ब से निजात दिलाये।

'अज़रा' मीर ने बम्बई के बहुत दौलतमन्द यहूदियों से मिल कर लाखों के सरमाये से एक फ़िल्म कम्पनी क़ायम की तो अपने पहले फ़िल्म "सितारा" के म्यूज़िक के लिए रफ़ीक़ ग़ज़नवी को मुन्तख़िब किया। 'अज़रा' मीर खूबसूरत है। उसके साथी यहूदी सरमायादार भी ख़ुश-शक्ल और रौब-दाब वाले थे। रफ़ीक़ जब उनके साथ खड़ा होता था तो बिलकुल अलग नज़र आता था। उसकी शान ही दूसरी थी।

'रफ़ीक' जब काम शुरू करता है तो बड़े ठाट से (एक सौ साज़िन्दे होंगे जिनके झुरमुट में खड़ा वह सबको हिदायत दे रहा होगा पंजाबी मीरासियों के साथ मीरासी पन चलेगा। बात-बात पर फब्ती और जुगत जो क्रिश्चियन हैं, उनसे अंग्रेज़ी में मज़ाक़ होते रहेंगे। जो यू.पी. के होंगे उनसे उर्दू में 'शुस्ता कलामी' होगी।

एक दिन रफ़ीक दफ़्तर में अज़रा मीर के साथ बैठा फ़िल्म के किसी गाने के मुताल्लिक़ तबादला-ए-ख़यालात कर रहा था। मैं भी पास बैठा था। कोई बात करते-करते वह फ़ौरन रुक गया। दफ़्तर से दूर म्यूज़िक-रूम था। वहाँ साज़िन्दे उसकी एक कम्पोज़ीशन की रिहर्सल कर रहे थे। रफ़ीक़ ने अपने कान का रुख़ उस तरफ़ किया जहाँ से आवाज़ आ रही थी और नाक-भौं चढ़ाकर बड़े अज़ीयत भरे लहजे में कहाँ "डैश इट—एक वायलन आउट ऑफ़ ट्यून है।" और उठकर म्यूज़िक-रूम की तरफ़ चला गया।

मुझे मौसीक़ी से कोई शग़फ़ नहीं। गो मैंने अपने वक़्त के तमाम बड़े-बड़े गाने वालों और गाने वालियों को सुना है, लेकिन राग-विधा नहीं सीख सका। लेकिन मैं 'रफ़ीक़' के मुताल्लिक़ इतना ज़रूर कह सकता हूँ कि वह सुरीला नहीं। मौसीक़ी का इल्म वह कहाँ तक जानता है इसके बारे में राय देना मेरी तरफ़ से बहुत बड़ी ज़्यादती होगी। अलबत्ता वे लोग जो ख़ुद मौसीक़ार हैं और जिनका मौसीक़ी के मैदान में काफ़ी नाम है, उनमें से अक्सर का यह कहना है कि 'रफ़ीक़' बे-सुरा है। सुर से एक-एक, दो-दो 'सूत्र' हट के गाता है। वाल्लाह आलम बिस्सवाब।

थोड़े ही दिन हुए नूरजहाँ से बातें हो रही थीं कि रफ़ीक़ का ज़िक्र छिड़ गया।

मैंने उससे रफ़ीक़ के बारे में दूसरों की मुनदर्जा बाला तनक़ीस का ज़िक्र किया तो उसने जीभ दाँतो तले दबा कर और दोनों कानों को अपनी उँगलियों से छूते हुए कहा, "तौबा तौबा–यह महज़ इफ़तिरा है–वह उस्ताद है। अपनी तर्ज़ का वाहिद मालिक।"

लेकिन उसने यह तसलीम किया कि अब रफ़ीक़ की आवाज़ में वह पहली सी चमक-दमक नहीं रही और यह महज़ उम्र का तक़ाज़ा है, जहाँ तक इल्म का ताल्लुक है नूरजहाँ उसे गुणी कहती है।

उसके एक गुण का मैं भी मौअतरिफ़ हूँ। वह बेशर्म है, बे हया है, बे ग़ैरत है, लेकिन ऊबाश नहीं। उसकी उफताद आम आदमी की नहीं एक आर्टिस्ट की उफ़ताद है। वह अक्सर शनीअत का पाबन्द नहीं तो मुरव्वजा क़वानीन का पाबन्द ज़रूर है। वह अगर किसी का दोस्त नहीं तो किसी का दुश्मन भी नहीं। वह अगर सही मायनों में किसी औरत का शौहर नहीं तो जहाँ तक मैं समझता हूँ आज तक उसने किसी औरत को मजबूर नहीं किया कि वह सही मायनों में उसकी बीवी बने।

शरीफ़ औरतें चूँकि उसके मतलब की नहीं इसलिए वह उनका एहतराम करता है। ग़ैर शरीफ़, औरतें चूँकि उसको अच्छी लगती हैं इसलिए वह उनकी बे हुरमती करता है। बैंक में रुपया हो तो अच्छे और शानदार कपड़े पहनने की ज़रूरत महसूस नहीं करता। बैंक बैलेंस ख़ाली हो तो अच्छे और शानदार कपड़े पहनना ज़रूरी समझता है।

दिल्ली के एक मुअज़्ज़िज़ हिन्दू ख़ानदान की एक तालीम याफ़्ता नौजवान दोशीज़ा को उससे मुहब्बत हो गयी। देर तक वह रफ़ीक़ को इश्क़िया ख़त लिखती रही। रफ़ीक़ बम्बई में था कि उसका एक ऐसा ख़त आया कि रफ़ीक़ परेशान हो गया। मुझे बड़ी हैरत हुई कि रफ़ीक़ और परेशानी, दो मुतअज़ाद चीज़ें?

रफ़ीक़ ने मुझे सारी राम कहानी सुनाई और कहा, "मंटो, यह लड़की पागल हो गयी है। मैं एक हरजाई मर्द हूँ। मुझे इस अफ़लातूनी मुहब्बत से क्या वास्ता। कहती है घर से भागकर मेरे पास आ जायेगी–आ जाय ठीक है, लेकिन मैं कब तक उसकी शरीफ़ और पाकीज़ा मुहब्बत से चिपका रहूँगा–ख़ुदा के लिए तमाम शरीफ़ औरतें अपने घर में रहें। शादी करें, बच्चे जनें और जायें जहन्नुम में। मुझे उनका इश्क़ दरकार नहीं। मेरी सारी उम्र गुज़र गयी खोटे सिक्के चलाते। खरे मुझसे नहीं चलेंगे।"

चुनांचे 'रफ़ीक़' ने उस हिन्दू दोशीज़ा को ऐसा दिल शिकन ख़त लिखा कि वह अपने इरादे से बाज़ आ गयी।

रफ़ीक़ पर यह मेरा मज़मून तिश्ना है। मुझे इसका शदीद एहसास है उस पर किसी अख़बार, रिसाले या किताब के लिए जब भी कोई मज़मून लिखेगा, तिश्ना ही रहेगा। इसलिए कि उसकी हज़ार पहलू शख़्सियत का अहाता चन्द सिफ़हात नहीं कर सकते। ज़िन्दगी रही तो मैं अपने तासुरात क़लम बन्द करके एक मुकम्मल

किताब की सूरत में पेश करूँगा।

आख़िर में एक लतीफ़ा सुन लीजिए।

फ़िल्म 'चल-चल रे नौजवान' के ज़माने में रफ़ीक ने प्रोड्यूसर एस. मुकर्जी, डायरेक्टर ज्ञान मुकर्जी, अशोक कुमार, सन्तोषी, शाहिद लतीफ़ और मेरी दावत की। हम सब रफ़ीक़ के मकान में वाक़अ शिवाजी पार्क पहुँचे। रफ़ीक हल्के-हल्के सुरूर में हार्मोनियम सामने रखे फ़र्श पर बैठा था। पास ही शैदा थी और उसका भाई। हम पहुँचे तो उसने हमारा इसतक़बाल किया, मेरा गालियों से और बाक़ियों का सलामों से।

शराब के दो-तीन दौर चले। दूसरों को उसने स्कॉच दी और मुझे 'सोलन' की यानी देसी। मैं ख़ामोश रहा। वह हस्ब-ए-आदत बात-बात पर मुझे गालियाँ देता रहा। मैंने कोई जवाब न दिया। खाना लगाया गया। हस्ब-ए-मामूल उसने मुर्गे के गोश्त के अच्छे-अच्छे टुकड़े निकाल कर अपनी प्लेट में रख लिये।

खाना खाने के बाद एक-एक करके सब चले गये, मैं बैठा रहा। शैदा अन्दर जा के सो गयी। रफ़ीक़ ज्यादा पीने का आदी नहीं। वह पहले ही से बम्बई की ज़बान में "चिकार" था। मुर्ग़ खाने से उसकी आँखें मुँदने लगीं। मैं चुपके से उठा, दूसरे कमरे में जा कर बड़े इत्मीनान से अलमारी खोली और स्कॉच की बोतल उठा लाया। आधी से कुछ ज़्यादा थी। मैं आराम से पीता रहा। साथ ही-साथ उसके साले को भी देता रहा। कभी-कभी रफ़ीक को उकसा देता और वह गुनूदगी के आलम में चन्द लुकनत भरी गालियाँ मुँह से उगल देता।

अब मैंने जो मुग़ल्लज़ात बकना शुरू कीं तो रफ़ीक बिलबिला उठा। मेरी गालियों की फ़ेहरिस्त कोई इतनी लम्बी चौड़ी नहीं। दो-तीन बार मुँह भरा तो ख़त्म हो गयीं। मैंने यह उस्तादी की कि एक गाली आधी करता और दूसरी आधी गाली के साथ जोड़ कर लुढ़का देता। इस तरकीब से भी ज़्यादा देर तक काम न चला। लेकिन मैंने सोचा कमबख़्त को होश कहाँ है जो अल्लम-ग़ल्लम मुँह में आये निकाल बाहर फ़ेंको। चुनांचे मैंने यही किया। रफ़ीक़ नशे में चूर पेच-ओ-ताब खाता रहा। आख़िर उसने मुर्दा आवाज़ में कहा, "जाने दो मंटो मेरी जान—मैं थक गया हूँ। मुझमें अब गालियाँ देने की सकत नहीं है।"

मैं यही तो चाहता था कि उसमें सकत न हो, वरना मैं और उसके मुक़ाबले की जुर्रत करता?

मैंने उसपर यह मज़मून लिखा है जिसे पढ़कर वह यक़ीनन अपने मख़सूस अन्दाज़ में मुझे बड़ी नसतअलीक़ गालियाँ देगा—लेकिन मैं लाहौर में हूँ, वह कराची में। फ़िलहाल तो महफ़ूज़ हूँ। लाहौर आयेगा तो मैं उसकी मुग़ल्लज़ सुन लूँगा। फिर उसकी दावत करूँगा और जम ख़ाना व्हिस्की में स्प्रिट घोलकर...ख़ुद पी लूँगा।

अनवर कमाल पाशा

अगर किसी स्टूडियो में आपको किसी मर्द की बुलन्द आवाज़ सुनाई दे। अगर आपसे कोई बार-बार होंटों पर अपनी ज़बान फेरते हुए बड़े ऊँचे सुरों में बात करे या किसी महफ़िल में कोई इस अन्दाज़ से बोल रहे हैं जैसे वो साँडे का तेल बेच रहे हों तो आप समझ जायेंगे कि वे हकीम अहमद शुजाअ साहब के फ़रज़िन्द-ए-नेक अख़्तर मिस्टर अनवर कमाल पाशा हैं।

अनवर कमाल पाशा का नाम जब मैंने पहली मरतबा किसी अख़बार में देखा तो मेरा दिमाग़ उस अनवर पाशा की तरफ़ चला गया जो 'तुर्की' का हीरो था। बचपन में हम यह पंजाबी गाना गाया करते थे—

मुसतफ़ा पाशा कमाल वे तेरियाँ दूर बलाइयाँ
कर बकरे यूनानी हलाल वे बीबा वाँगँ कसाइयाँ
नाल तेरे होवे अनवर दी घोड़ी

आगे याद नहीं रहा क्या था।

मुस्तफ़ा पाशा कमाल और 'अनवर' पाशा दोनों ने मिलकर हज़ारों यूनानी बकरे हलाल किये, लेकिन बाद में उन दोनों में चपक़लश शुरू हो गयी और एक दूसरे से अलाहिदा हो गये।

मेरा ख़याल है 'अनवर' कमाल पाशा ने उन दोनों शख़्सियतों को ज़हनी तौर पर मुत्तहिद करने के लिए यह नाम इख़्तियार किया। हो सकता है, कोई और मसलहत पेश-ए-नज़र रही हो।

लेकिन अगर आप अनवर कमाल पाशा साहब को देखें तो उनमें न तो मुस्तफ़ा कमाल पाशा सा भेड़ियापन (मुवर्रिख़ कमाल अता तुर्क को "गिरे बुल्फ़" कहते थे) और न अनवर पाशा का-सा तीखा हुस्न...वह मेरा मतलब है अनवर कमाल पाशा या तो भेड़िए बनने की कोशिश में भेड़ बनकर रह गये हैं या हसीन बनने की कोशिश में थक-हार कर अपने ही ख़द-ओ-ख़ाल पर क़िनाअत कर।

बहरहाल कुछ भी हो। क़यास आराइयों से कोई नतीजा बरआमद नहीं हो सकता। अनवर कमाल पाशा की शख़्सियत मुनफ़रिद है। वहाँ अनवर पाशा की आँखों का भेड़ियापन नहीं तो उनमें एक हल्की-सी चमक ज़रूर है, जो ज़ाहिर करती

है कि वह दूसरों पर छा जाने की कुव्वत रखते हैं।

जिस्मानी कुव्वत तो ख़ैर उनमें इसी क़दर होगी, जितनी मेरे जिस्म-ए-नातवाँ में है। मगर वह मेरी तरह धौंस जमाकर इस कमी को पूरा कर ही लेते हैं।

फ़िल्मी दुनिया में दरअसल बुलन्द बाँग दावे ही बा असर साबित होते हैं। एक मुहावरा है "पिदरम सुल्तान बूँद।" लेकिन इसके बरअक्स अनवर कमाल पाशा हमेशा यह कहते सुने गये हैं कि मेरा बाप सुल्तान नहीं गड़ेरिया था। सुल्तान तो मैं हूँ।

नफ़सियाती एतबार से यह नफ़ी अक्सर अवक़ात कारगर और बा असर साबित होती है। मेरा ख़याल है कि अनवर कमाल पाशा नफ़सियात का मुतालिआ कर चुके हैं। इसीलिए वह इस गुर को बड़ी बे तकल्लुफ़ी से इस्तेमाल करते चले आये हैं। कहीं-कहीं ठोकर भी खायी है, लेकिन उनका उल्लू सीधा होता रहा है।

वह अपने बाप के नाख़ल्फ़ बेटे नहीं। लेकिन दीनवी कारोबार के लिए दूसरों पर अपना रौब जमाने के लिए शायद वह ज़रूरी समझते हैं—कि हस्ब-ए-ज़रूरत अपने वालिद मोहतरम को भी कोई एतराज़ नहीं होता। इसलिए कि वह हज़ारहा पापड़ बेलने के बाद इतना जान गये हैं कि मेरा फ़रज़िन्द नेक अख़तर मुझे जाहिल मुतलक़ बनाकर एक ऐसी सीढ़ी तामीर कर रहा है जिसके ज़रिये से उसे बाम-ए-उरूज पर पहुँचना है।

अभी उस सीढ़ी के तमाम ज़ीने मुकम्मल नहीं हुए लेकिन उम्मीद है कि जल्द हो जायेंगे। इसलिए अनवर कमाल पाशा बहुत मुमकिन है किसी रस्से को खड़ा करके अर्श तक पहुँच जाय और नामुकम्मल सीढ़ी को हैरत ज़दह छोड़ जाय।

उसमें शोअबदा बाज़ी के जरासीम मौजूद हैं। जिस तरह मदारी अपने मुँह से फुटबाल की जसामत के बड़े-बड़े गोले निकालता है उसी तरह वह भी कोई इस क़िस्म का स्टण्ट कर सकता है।

लेकिन मुझे हैरत है और यह हैरत इसलिए कि वह चालाक नहीं। अय्यान नहीं। दग़ाबाज़ नहीं। लेकिन फिर भी जब लोग उसके मुँह से फुटबाल जितने गोले बाहर निकलते देखते हैं तो कुछ अर्से के लिए उसकी साहिरी से मरऊब हो जाते हैं।

हो सकता है, बाद में वह अपनी हिमाक़त पर अफ़सोस करें कि यह तो महज़ फ़रेब-ए-नज़र था या गोले निकालने में कोई ख़ास तरक़ीब इस्तेमाल की गयी थी। मगर इससे क्या होता है। अनवर कमाल पाशा इस दौरान में कोई और शोअबदा ईजाद कर लेता है। उस वक़्त वह अपना दूसरी फ़िल्म बनाने के लिए सरमायादारों से बहुत मुमकिन है यह कह रहा हो "कि मैं अब के ऐसी फ़िल्म बनाने का इरादा रखता हूँ, जो हालीवुड भी नहीं बना सकता। उसमें कोई ऐक्टर होगा, न ऐक्टर्स सिर्फ़ काठ की पुतलियाँ होंगी, जो बोलेंगी, गाना गाएँगी और नाचेंगी भी—और क्लाइमेक्स इसका यह होगा कि गोश्त-पोस्त की बन जायेंगी।"

अनवर कमाल पाशा पढ़ा लिखा है। एम.ए. है। अंग्रेज़ी अदब से उसे काफ़ी

शग़फ रहा है। यही वजह है कि वह अपनी फ़िल्मों की कहानी उसी से मुसतआर लेता है और हस्ब-ए-ज़रूरत या हस्ब-ए-लियाक़त उर्दू ज़बान में ढाल देता है। उसके फ़िल्मों के किरदार हमेशा ड्रामाई अन्दाज़ में गुफ़्तगू करते हैं। ख़्वाह इसकी ज़रूरत हो या न हो। इसकी वजह सिर्फ़ यह है कि वह ख़ुद ड्रामाई अन्दाज़ में गुफ़्तगू करने का आदी है। इसकी वजह एक और भी है कि उसके वालिद मोहतरम जनाब हकीम अहमद शुजाअ साहब किसी ज़माने में अच्छे ख़ासे ड्रामा-निगार थे। उनका लिखा हुआ ड्रामा "बाप का गुनाह" बहुत मशहूर है।

एक लतीफ़ा सुनिए। अनवर कमाल पाशा के मुतालिक़ किसी जगह गुफ़्तगू हो रही थी। उस दौरान में एक साहब ने जिनका नाम मैं नहीं लेना चाहता कहा, "जी, मैं अनवर साहब को जानता हूँ, वह बाप का गुनाह हैं।"

अनवर कमाल पाशा, बहरहाल बड़ी दिलचस्प शख़्सियत का मालिक है। वह इतना बोलता है, इतना बोलता है कि उनके मुक़ाबले में और कोई नहीं बोल सकता। असल में जहाँ तक मैं समझता हूँ, वह अपनी आवाज़ ख़ुद सुनना चाहता है और दिल-ही-दिल में दाद देता है कि वाह अनवर कमाल, तूने आज कमाल कर दिया। तेरे मुक़ाबले में और कोई ज़बरदस्त मुकर्रर नहीं हो सकता।

अगर आप इंसानी नफ़सियात के मुतालिक़ कुछ जानते हैं तो आपको मालूम होगा कि बाज़ इंसानों को यह मरज़ होता है कि वह रिकार्ड बन जायें और उसे ग्रामोफ़ोन की सुई तले रखकर हर वक़्त सुनते रहें। अनवर कमाल पाशा भी इसी जुमरे में आता है।

उसके पास अपनी गुफ़्तगूओं के कई रिकार्ड हैं जो अपनी ज़बान की सुई के नीचे रखकर बजाना शुरू कर देता है और जब सारे रिकार्ड बज चुकते हैं तो वह रेडियो के फ़रमाइशी प्रोग्राम सुनने वाले बच्चों के मानिन्द ख़ुश हो कर महफिल से चला जाता है।

उसके ख़यालात में Fiocoation का बहुत ज़्यादा दखल है। मालूम नहीं क्यों? यह कोई माहिर नफ़सियात ही बता सकता है। उसकी अक्सर फ़िल्मों में दरिया ज़रूर नज़र आयेगा। उसमें ज़रूर कोई डूबेगा। उसने अब तक मुनदर्जा ज़ैल फिल्म बनाई हैं। जिनमें से कुछ कामयाब रहीं और कुछ नाकाम।

'दो आँसू', 'दिलबर', 'ग़ुलाम', 'गमरू' और 'गुमालम'।

अगर आपने यह फ़िल्म देखी हैं तो आपको मालूम हो जायेगा कि इनमें कितनी फ़िल्मों में दरिया आता है, जिसमें उसकी कहानियों के किरदार गिरे हैं। लेकिन वह मौत का क़ायल नहीं। वह उनको दरिया में गिराता ज़रूर है, मगर बाद में बताता है कि वह डूबा नहीं था। यानी मर नहीं गया था। किसी-न-किसी ज़रिये से (अनवर कमाल पाशा के अपने दिमाग़ की अजीब-ओ-ग़रीब तख़लीक़ होता है) ज़िन्दा रहा था।

मालूम नहीं, मैं कहाँ तक सही हूँ। लेकिन मैं समझता हूँ कि अनवर कमाल

पाशा की ज़िन्दगी भी शायद डूब-डूब कर ज़िन्दा रहने से दो चार रही है।

उसने अपनी ज़िन्दगी में कई नदियाँ पार की हैं। एक तो वह थी जो सेहरे जुलवे की ब्याही हुई थी। उसको पार करने में तो ख़ैर उसको कोई दिक़्क़त न हुई होगी। मगर जब उसके सामने वह नदी, जिसका नाम शमीम था, बम्बई से बहती हुई लाहौर आयी तो उसे काफ़ी मुश्किलात का सामना करना पड़ा। लेकिन वह माहिर तैराक़ के मानिन्द उसे भी पार कर गया।

उसको बहुत देर से फ़िल्म बीनी का शौक़ था। बाद में यह शौक इस धुन में तब्दील हो गया कि वह एक फ़िल्म बनाए। जब 'शमीम' से उसकी राह-ओ-रस्म हुई तो उसने इससे फ़ायदा उठाया और लाउड स्पीकर बनकर हर तरफ़ गूँजने लगा "कि आओ मैं फ़िल्म बनाना चाहता हूँ। है कोई सख़ी ऐसी जो मुझे सरमाया दे।"

उसकी मसलसल सदा पर आख़िरकार उसे सरमाया मिल गया। शमीम बम्बई में एक ऐसी नदी थी, जिसका पानी बहुत साफ़-सुथरा था। उसमें कई ग़व्वास तैर चुके थे। लेकिन कुछ अर्से के बाद वह पानी पत्थर की तरह ठहर गया। इसलिए तैराकों के लिए वह दिलचस्पी का सामान न रही। यही वजह है कि उसे अपने वतन लाहौर में आना पड़ा।

ख़ैर इस क़िस्से को छोड़िए। यह कोई उसूल और लगा-बँधा क़ायदा तो नहीं। लेकिन आम तौर पर यही देखने में आया है। फ़िल्म डायरेक्टर औरत के ज़रिये ही से आगे बढ़ते हैं और पीछे भी इसकी वजह से हटते हैं और ऐसे हटते हैं या हटाए जाते हैं तो उनका नाम-ओ-निशान तक बाक़ी नहीं रहता।

पाशा ने थोड़ी देर के बाद शमीम से शादी कर ली जो अपना तंग माथा, चौड़ा करने के लिए क़रीब-क़रीब हर रोज़ अपने बाल मोचने से नोचती रहती थी। पाशा ने उसकी ख़ुशनदी-ए-ख़ातिर के लिए ज़रूर मसनूई तौर पर अपने सारे पर-ओ-बाल नोच के उसके सामने प्लेट में डालकर रख दिये होंगे।

मैं अब लम्बे मज़मून को मुख़्तसर करना चाहता हूँ इसलिए कि मैं अनवर कमाल पाशा की तरह तवालत पसन्द होना नहीं चाहता। वह बहुत दिलचस्प शख़्सियत का मालिक है और उस शख़्सियत के कई पहलू हैं। वह हठधर्म भी है तलव्वुन मिज़ाज भी। बकवास भी और बाज़ अवक़ात संजीदा मिज़ाज भी।

उसके किरदार में जो मैंने ख़ास बात देखी वह यह है कि वह मुग़ली-ए-ठाठ का आदमी है। उसकी तबियत में आ जाय तो वह आपका मुँह मोतियों से भर देगा और अगर वह "मूड" में नहीं तो वह आपसे कोई बात नहीं करेगा।

मैं आपको एख़तितामी तौर पर एक वाक़आ सुनाता हूँ। मैं आज से कुछ अर्सा पहले शाह नूर स्टूडियोज़ में था। जहाँ अनवर कमाल पाशा अपने फिल्म 'गुमनाम' की शूटिंग में मसरूफ था।

सर्दियों का मौसम था। मैं अपने कमरे के बाहर कुर्सी पर बैठा टाइपराइटर मेज़

पर रखे कुछ सोच रहा था कि पाशा अपनी कार से उतरा और मेरे पास वाली कुर्सी पर बैठ गया। अलैक-सलैक हुई। थोड़ी देर के बाद उसने मुझसे कहा—

"मंटो साहब मैं एक सख़्त उलझन में गिरफ़्तार हूँ।"

मैंने अपने ख़यालात झटक कर पूछा—

"क्या उलझन है आपको?"

उसने कहा, "यह फ़िल्म जो मैं बना रहा हूँ, इसमें एक मक़ाम पर अटक गया हूँ, आपकी राय लेना चाहता हूँ। मुमकिन है आप मुश्किल कुशायी कर सकें।"

मैंने उससे कहा, "मैं हाज़िर हूँ। फ़रमाइए। आप कहाँ अटके हुए हैं।"

उसने मुझे अपने फ़िल्म की कहानी सुनाना शुरू कर दी। दो सीन तफ़सील इस अन्दाज़ में सुनाए, जैसे पुलिस जीप में बैठी लाउड स्पीकर के ज़रिये से राह चलते लोगों को हिदायत कर रही है कि उन्हें बायें हाथ चलना चाहिए। मैं अपनी ज़िन्दगी में हमेशा उल्टे हाथ चला हूँ, इसलिए मैंने पाशा से कहा—

"आपको सारी कहानी सुनाने की कोई ज़रूरत नहीं। मैं समझ गया हूँ कि आप गढ़े में फँसे हुए हैं।"

पाशा ने हैरत आमेज़ लहजे में मुझसे पूछा, "आप कैसे समझ गये।"

मैंने उसको समझा दिया और उसकी मुश्किल का हल भी उसे बता दिया। जब उसने मेरी तजवीज़ सुनी तो उठकर इधर-उधर टहलना शुरू कर दिया। इसके बाद उसने कहा, "हाँ कुछ ठीक ही मालूम होता है।"

मैं ज़रा चिढ़ सा गया। "हज़रत इससे बेहतर हल आपको और कोई पेश नहीं कर सकता। मुसीबत यह है कि मैं फ़ौरी तौर पर सोचने का आदी हूँ—अगर मैंने यही हल आपको दस या बारह रोज़ के पाद पेश किया होता तो आपने कहा होता कि सुबहान अल्लाह। मगर अब कि मैंने चन्द मिनटों में आपकी मुश्किल आसान कर दी है तो आप कहते हैं हाँ, कुछ ठीक ही मालूम होता है। आपको शायद इस मशवरे की क़ीमत मालूम नहीं।" पाशा ने फ़ौरन अपने प्रोडेक्शन मैनेजर को बुलाया। उससे चेक बुक ली और उसपर कुछ लिखा। चेक फाड़कर बड़े ख़ुलूस से मुझे दिया। "आप यह क़बूल फ़रमाएँ।" उसके इसरार पर मैंने यह चेक ले लिया—जो पाँच सौ रुपये का था—यह मेरी ज़्यादती थी। अगर मैं आसूदा हाल होता तो यक़ीनन मैंने यह चेक फाड़ दिया होता। लेकिन इंसान भी कितना ज़लील है या उसके हालात-ए-ज़िन्दगी कितने अफ़सोसनाक हैं कि वह गिरावट पर मजबूर हो जाता है।

मैं अब इस मज़मून को ख़त्म करता हूँ—अनवर कमाल अपने सेहरे जुलवे की ब्याही बीवी से बच्चे पैदा करता है जिनकी निगहदाश्त शमीम करती है। वह रेलगाड़ी है, जो मुसाफ़िरों को अपने अन्दर जगह देती है और अनवर कमाल पाशा इंजन-ड्राइवर है जो उसके पेट में ईंधन झोंकता रहता है। लेकिन मुझे यूँ महसूस होता है कि वह रेलगाड़ी के इंजन की ऐसी सीटी है जो रात की ख़ामोश फ़ज़ा में "फेड आउट" हो रही है।

किश्त-ए-ज़ाफ़रान

"लाइट्स आन–फ़ैन ऑफ़–कैमरा रेडी–स्टार्ट मिस्टर जगताप।"

"सीन थर्टीफ़ोर–टेक-टेन।"

"नीला देवी आप कुछ फ़िक्र न कीजिए। मैंने भी पेशावर का पेशाब पिया है।"

"कट-कट"

लाइट्स आन हुई। बी.एच. देसाई ने रायफ़ल एक तरफ़ रखते हुए बड़े इत्मीनान से अशोक से पूछा–"ओ के मिस्टर गंगोली?"

अशोक ने जो जल-भुन कर राख होने के क़रीब था क़हर-आलूद निगाहों से ख़ला में देखा और ज़हर के चन्द बड़े-बड़े घूँट जल्दी-जल्दी पी कर चेहरे पर मसनूई ख़ुशी का इज़हार करते हुए देसाई से कहा–"वण्डरफुल"–फिर उसने मानी-ख़ेज़ नज़रों से मेरी तरफ़ देखा–"क्यों मंटो?"

मैंने देसाई को गले लगा लिया–"वण्डरफुल"

हमारे चारों तरफ़ लोग अपनी-अपनी हँसी का बहुत बुरी तरह गला घोंट रहे थे। देसाई बहुत ख़ुश था। चूँकि उसने बहुत देर के बाद मेरे मुँह से अपनी इस क़दर पुर-जोश तारीफ़ सुनी थी। दरअसल अशोक ने कुछ अर्सा पहले मुझे मना कर दिया था कि मैं अपनी झुँझलाहट का इज़हार हर्गिज़-हर्गिज़ न करूँ। क्योंकि उसे अन्देशा था कि देसाई बौखला जायेगा और सारा दिन ग़ारत कर देगा।

जब चन्द लम्हात गुज़र गये तो देसाई ने मुकालमा-आमोज़ से कहा–"साहब डायलाग?"

यह सुन कर अशोक जो कि "आठ दिन" नामी फ़िल्म डायरेक्ट कर रहा था, मुझसे मुख़ातिब हुआ–"मंटो, मेरा ख़याल है पहला डायलाग एक दफ़ा और ले लें।"

मैंने देसाई की तरफ़ देखा–"क्यों देसाई साहब?–मेरा ख़याल है इस दफ़ा और भी वण्डरफुल हो जायेगा।"

देसाई ने गुजराती अन्दाज़ में अपना सिर हिलाया। "हो–तो ले लो अभी। गर्मा-गर्म मामला है।"

दत्ताराम चिल्लाया–"लाइट्स आन।"

लाइट्स रौशन हुई। देसाई ने रायफल सँभाली।

झट से देसाई की तरफ़ लपका और मुकालमों की किताब खोल कर कहने लगा—"मिस्टर देसाई, ज़रा वह डायलॉग याद कर लीजिए।"

देसाई ने पूछा—"कौन-सा डायलॉग?"

ने कहा—"वही जो आपने इतना वण्डरफुल बोला था। ज़रा उसे दोहरा दीजिएं।"

देसाई ने रायफ़ल कंधे पर जमाते हुए बड़े संगीन एतमाद से कहा "मुझे याद है।"

अशोक ने मुझे इशारा किया—"मंटो साहब ज़रा आप सुन लीजिए।"

मैंने देसाई के कान्धे पर हाथ रखा और बड़े ग़ैर संजीदा लहजे में कहा—"हाँ, तो वह क्या है देसाई साहब—नीला देवी, आप कोई फ़िक्र न कीजिए। मैंने भी पेशावर का पानी पिया है।"

देसाई ने अपने सिर पर पेशावरी लुंगी का ज़ाविया दुरुस्त किया और 'वीरा' (फ़िल्म में नीला देवी) से मुख़ातिब हो कर कहा—"नीला देवी, आप कोई पेशावर न कीजिए। मैंने भी आपका पानी पिया है।"

'वीरा' इस क़दर बेतहाशा हँसी की देसाई डर गया। "क्या हुआ मिस वीरा?"

'वीरा' साड़ी के आँचल में हँसी दबाती सीट से बाहर चली गयी। देसाई ने तशवीश ज़ाहिर करते हुए से पूछा—"क्या बात थी?"

ने अपना हँसी से उबलता हुआ मुँह दूसरी तरफ़ कर लिया। मैंने देसाई की परेशानी दूर करने के लिए कहा—"नथिंग सीरियस—खाँसी आ गयी?"

देसाई हँसा। "ओह" फिर वह मुसतयद हो कर अपने मुकालमे की तरफ़ मुतवज्जह हुआ। "नीला देवी आप कोई खाँसी न कीजिए। मैंने भी देवी का..."

अशोक अपने सिर को मुक्के मारने लगा। देसाई ने देखा तो मुतफ़क्किर हो कर उससे पूछा—"क्या बात है मिस्टर गंगोली?"

गंगोली ने एक ज़ोर का मुक्का अपने सिर पर मारा। "कुछ नहीं, सिर में दर्द था। तो हो जाय टेक?"

देसाई ने अपना क़द्दू-सा सिर हिलाया, "हो।"

गंगोली ने मुर्दा आवाज़ में कहा, "कैमरा रेडी--रेडी मिस्टर जगताप?"

भोंपू से जगताप की भिनभिनाहट सुनाई दी—"रेडी।"

गंगोली ने और ज़्यादा मुर्दा आवाज़ में कहा—

"स्टार्ट।"

कैमरा स्टार्ट हुआ। क्लिप हुई।

"सीन थर्टी फ़ोर—टेक एलेवन।"

देसाई ने रायफ़ल लहराई और 'वीरा' से कहना शुरू किया, "नीला पानी। आप कोई देवी न कीजिए। मैंने भी पेशावर का..."

अशोक दीवाना वार चिल्लाया। "कट-कट।"

देसाई ने रायफ़ल फ़र्श पर रखी और घबरा कर अशोक से पूछा—"एनी मिसटेक

मिस्टर गंगोली?" अशोक ने देसाई की तरफ़ क़ातिलाना-निगाहों से देखा। मगर फ़ौरन ही उसमें भेड़ों की-सी नर्मी और मासूमियत पैदा करते हुए कहा—"कोई नहीं—बहुत अच्छा था—बहुत ही अच्छा।" फिर वह मुझसे मुख़ातिब हुआ—"आओ मंटो, ज़रा बाहर चलें।" स्टूडियो से बाहर निकल कर अशोक क़रीब-क़रीब रो दिया। "मंटो बताओ, अब क्या किया जाय। सुबह से यह वक़्त हो गया है। पेशावर का पानी उसके मुँह पर चढ़ता ही नहीं—मेरा ख़याल है लंच के लिए ब्रेक कर दें।"

बड़ा माकूल ख़याल था। क्योंकि देसाई से यह फ़ौरी तवक़्क़अ बिलकुल फुजूल थी कि वह सही मुकालमा बोल सकेगा। एक दफ़ा अगर उसकी ज़बान पर कोई चीज़ जम जाय तो बड़ी मुश्किल से हटती थी। असल में उसका हाफ़िज़ा बिलकुल सिफ़र था। उसे छोटे से छोटा मुकालमा भी याद नहीं रहता था। अगर सेट पर वह पहली बार कोई मुकालमा सेहत के साथ अदा कर जाता तो उसे महज़ इत्तफ़ाक़ समझा जाता था। मगर लुत्फ़ यह है कि ग़लत अदायगी के बावजूद देसाई को क़तअन इस बात का एहसास नहीं होता था कि उसने मुकालमे को किस हद तक—किस रुला देने वाली हद तक मस्ख़ किया है।

मुकालमे की टाँग तोड़कर उसको मुकम्मल तौर पर अपाहिज करके वह आमतौर पर हाज़रीन की तरफ़ दाद-तलब निगाहों से देखा करता था। उसकी एक-दो लड़खड़ाहटें यक़ीनन तफ़रीह का मोजिब होती थीं। मगर जब वह हद से तजावुज़ कर जाता तो सबके दिल में यह ख़्वाहिश पैदा होती कि उसके सिर के टुकड़े-टुकड़े कर दिये जायें।

मैं फ़िल्मिस्तान में तीन बरस रहा। उस दौरान में देसाई ने चार फ़िल्मों में हिस्सा लिया। मुझे याद नहीं कि उसने एक मर्तबा भी पहले ही मरहले में अपना मुकालमा सेहत से अदा किया हो, अगर हिसाब लगाया जाय तो आजहानी ने अपनी फ़िल्मी-ज़िन्दगी में लाखों फीट फ़िल्म ज़ाया किया होगा।

अशोक ने मुझे बताया कि देसाई की 'री-टैक्स' का रिकार्ड पचहत्तर है। यानी बम्बई टॉकीज़ में उसने एक बार एक मुकालमे को चौहत्तर मर्तबा ग़लत अदा किया। यह सिर्फ़ जर्मन डायरेक्टर फ्रांज़ ही का हौसला था कि वह बहुत देर तक ज़ब्त किये रहा। आख़िर उसका पैमाना-ए सब्र लबरेज़ हो गया। सिर पीठ कर उसने देसाई से कहा—"मिस्टर देसाई मुसीबत यह है कि लोग तुम्हें पसन्द करते हैं। तुम्हें पर्दे पर देखते ही हँसना शुरू कर देते हैं, वरना आज मैंने तुम्हें ज़रूर उठा कर बाहर फेंक दिया होता।"

और फ्रांज़ की उस साफ़गोई का नतीजा यह हुआ कि चौहत्तर री-टेक हुए और स्टूडियो के हर कारकुन को बारी-बारी देसाई को दम-दिलासा देने का फ़र्ज़ अदा करना पड़ा, लेकिन कोई हीला कारगर नहीं होता था। वह एक बार उखड़ जाय तो कोई दवा या दुआ बा-असर साबित नहीं होती। ऐसे वक़्तों में चुनांचे यही मुनासिब ख़याल किया जाता था कि नतीजा ख़ुदा के हाथ सौंप कर धड़ाधड़ फिल्म ज़ाया किया

जाय। जब उसकी और देसाई की मर्ज़ी बयक वक़्त शामिल-ए-हाल हो जाय तो सजदा-ए-शुक्राना अदा करे।

अशोक ने लंच के लिए ब्रेक कर दिया। जैसा कि आम दस्तूर था। किसी ने देसाई से मुकालमे के बारे में गुफ़्तगू न की ताकि जो कुछ हो चुका, उसकी याद ताज़ा न हो। अशोक इधर-उधर की गप्पें सुनाता रहा। देसाई ने हस्ब-ए-मामूल अपनी तरफ़ से मज़ाह-अंगेज़ बातें कीं। जिनमें ज़र्रा बराबर मज़ाह नहीं था, लेकिन सब हँसते रहे। लंच ख़त्म हुआ, शूटिंग फिर शुरू हुई। अशोक ने उससे पूछा—"क्यों देसाई साहब, आपको डॉयलाग याद है?"

देसाई ने बड़े वसूक़ से कहाँ—"जी हाँ।"

लाइट आन हुई। सीन थर्टी फ़ोर टेक शुरू हुआ। देसाई ने रायफ़ल लहरा कर 'वीरा' से कहा—"नीला देवी...आप—आप।" और एकदम रुक गया, "आयी एम सारी।"

अशोक का दिल बैठ गया। लेकिन उसने देसाई का दिल रखने के लिए कहा—"कोई बात नहीं—जल्दी कीजिए।"

"सीन थर्टी फ़ोर टेक थर्टीन" शुरू हुआ। मगर देसाई ने पेशावर से पेशाब को अलग न किया। जब चन्द और कोशिशें भी बार-आवर न हुईं तो मैंने अलग ले जा कर अशोक को यह मशविरा दिया "दादा मनी, देखो यूँ करो—जब देसाई यह मुकालमा अदा करता है तो वह कैमरे की तरफ़ पीठ करते हुए उसका बक़ाया हिस्सा अदा करे। यानी 'पेशावर का पेशाब पिया है' कैमरे के सामने मुँह करके न बोले।"

अशोक समझ गया। क्योंकि उस मुश्किल से निकलने की एक सिर्फ़ यही तरकीब थी। क्योंकि हम बड़ी आसानी से यह मुकालमा बाद में "ड़ब" कर सकते थे। अगर वह सारा मुकालमा कैमरे के सामने मुँह करके अदा करता तो उसके होंटों की जुंबिश सही मुकालमे के साथ चस्पाँ न हो सकती।

जब देसाई को यह तरकीब समझाई गयी तो उसे बहुत ठेस पहुँची। उसने हम सबको यक़ीन दिलाने की हर मुमकिन कोशिश की वह अब ग़लती नहीं करेगा। मगर पानी सिर से गुज़र चुका था—और वह भी पेशावर का इसलिए उसकी मिन्नत-समाअत बिलकुल न सुनी गयी, बल्कि उससे कह दिया गया कि वह जो उसके दिल में आये बोल दे।

देसाई बहुत बद-दिल हुआ, लेकिन उसने मुझसे कहा—"कोई बात नहीं मंटो। मैं मुँह दूसरी तरफ़ मोड़ लूँगा। लेकिन आप देखिएगा कि मैं डॉयलॉग बिलकुल बोलूँगा।"

"सीन थर्टी फ़ोर—टेक फार टेन" की आवाज़ आयी। देसाई ने बड़े अज़्म के साथ रायफ़ल हवा में लहराई और 'वीरा' से मुख़ातिब हो कर कहा—"नीला देवी आप कोई फ़िक्र न कीजिए।" यह कहकर वह मुड़ा। "मैंने भी पेशावर का पेशाब पिया है।"

सीन कट हुआ। देसाई ने फ़तह-मन्दाना अन्दाज़ में रायफ़ल कन्धे पर रखी और अशोक से पूछा—"क्यों मिस्टर गंगोली?" अशोक अब बिलकुल संग-दिल बन चुका

था। उसने बड़े रुखे अन्दाज में कहा—"ठीक है ठीक है—" फिर वह कैमरा-मैंन हरदीप से मुख़ातिब हुआ—"चलो"।

शूटिंग ख़त्म हुई, मुझे अपने एक दोस्त के साथ चर्च गेट जाना था इसलिए हम जल्दी-जल्दी स्टेशन पहुँचे। गाड़ी खड़ी थी। हम एक डिब्बे में बैठ गये। क्या देखते हैं कि देसाई साहब भी विराजमान हैं और मुसाफ़िरों को अपने कारनामे सुना रहे हैं—मेरा दोस्त जो उस दिन की शूटिंग देख चुका था देसाई के पास बैठ गया। दौरान-ए-गुफ़्तगू में उसने एक बड़ा बेढ़ब-सा सवाल किया।

"सेट पर जो लोग डायलाग भूल जाते हैं उसका क्या इलाज किया जाता है।"

डेसाई ने जवाब दिया—"मालूम नहीं, मैं तो एक दफ़ा भी नहीं भूला।"

उसका यह जवाब बेहद मासूम था। जैसे वह डायलाग भूल जाने के मर्ज़ से क़तअन-ना-आशना है—मेरा ख़याल है कि ख़ुद उसको इसका कामिल यक़ीन था कि उससे कोई ग़लती सरज़द नहीं होती और यह दुरुस्त था इसलिए कि ग़लती का एहसास तो सिर्फ़ उसी सूरत में पैदा हो सकता है अगर सेहत के मुताल्लिक़ हल्का-सा तसव्वुर इंसान के दिमाग़ में मौजूद हो। देसाई मरहूम के दिमाग़ में कोई ऐसा ख़ाना ही नहीं था जो ग़लत और सही में तमीज़ कर सके, वह इससे बिलकुल बे-नियाज़ था, मासूमियत की हद तक।

वे लोग जो यह समझते हैं कि वह बहुत बड़ा मज़ाह-कार था यक्सर ग़लत है। वह जो यह समझते हैं कि वह बहुत बड़ा किरदार-कार था क़तअन ना-दुरुस्त है। ऐसा गुनाह आंजहानी से कभी सर-ज़द नहीं हुआ। लोग अगर उसकी हरकात पर हँस-हँस के दोहरे होते थे, तो उसका बायस कुदरत की छेड़ख़ानी थी। ख़ुदावन्द ता'ला ने उसकी तख़लीक़ ही ऐसे आब-ओ-गुल से की थी जिसमें ज़ाफ़रान गुंथी हो।

एक दफ़ा रेस कोर्स पर मैंने दूर से उसकी तरफ़ इशारा किया और अपनी बीवी से कहा—"वह देसाई है—"वहाँ।"

मेरी बीवी ने उस जानिब देखा और बेइख़्तियार हँसना शुरू कर दिया। मैंने उससे पूछा—"इतनी दूर से देखने पर इस क़दर बेतहाशा हँसने की वजह क्या है?"

वह मेरे सवाल का इत्मीनान-बख़्श जवाब न दे सकी। सिर्फ़ यह कहकर वह और ज़्यादा हँसने लगी—"मालूम नहीं।"

आंजहानी को रेस का बहुत शौक था। अपनी बीवी और लड़की को साथ लाता था। मगर दस रुपये से ज़्यादा कभी नहीं खेलता था। उसके बयान के मुताबिक़ कई जो कि उसके बहुत ही क़रीबी दोस्त थे जो उसको सोलह आने खरी टिप देते थे। वह टिप वह अक्सर दूसरों को देता था। इस दरख़्वास्त के साथ कि वह उसे अपने तक रखें और किसी और को न बताएँ। ख़ुद वह किसी और की दी हुई टिप पर खेलता था।

रेस-कोर्स पर जब मैंने उसको अपनी बीवी से मुतारिफ़ कराया तो उसने एक "श्योर" यानी यक़ीनी टिप दी। जब वह न आयी तो उसने मेरी बीवी से पुर-ताज्जुब

लहजे में कहा—“हद हो गयी है—यह टिप तो आना ही माँगती थी।” उसने ख़ुद एक दूसरे नम्बर का घोड़ा खेला था जो आ गया था। इस पर उसने किसी क़िस्म के ताज्जुब का इज़हार नहीं किया था।

देसाई आंजहानी की अवायली ज़िन्दगी के मुताल्लिक़ लोगों की मालूमात बहुत महदूद हैं। ख़ुद मैं सिर्फ़ इतना जानता हूँ कि वह गुजरात के एक मुतवस्सत घराने का फ़र्द था। बी.ए. करने के बाद उसने एल.एल.बी. किया। छह-सात बरस तक बम्बई की छोटी अदालतों की ख़ाक छानता रहा। उसकी प्रेक्टिस मामूली थी। लेकिन उसका घर-बार चलाने के लिए काफ़ी था। लेकिन जब वह दिमाग़ी आरज़े में गिरफ़्तार हुआ, तो उसकी माली हालत बहुत पतली हो गयी। एक अर्से तक वह नीम-पागल रहा। एलाज़-मुआलजे से यह आरज़ह दूर तो हो गया, मगर डॉक्टरों ने दिमाग़ी काम करने से मना कर दिया। क्योंकि खतरा था कि मर्ज़ फिर औद न कर आये—अब देसाई ग़रीब के लिए बड़ी मुश्किल थी कि वह करे तो क्या करे। वकालत ज़ाहिर है कि अक्सर दिमाग़ी काम था। इसलिए उधर रूजूअ करने का सवाल ही पैदा नहीं होता था। कुछ अर्से तक वह इधर-उधर हाथ-पाँव मारता रहा। तिजारत से उसे कोई दिलचस्पी नहीं थी। हालाँकि उसकी रगों में ठेट गुजराती ख़ून था।

जब हालात बहुत नाजुक हो गये तो वह सागर मूवी टोनके चमन लाल देसाई से मिला और ख़्वाहिश ज़ाहिर की कि उसे स्टूडियो में काम मिल जाय। असल में उसका मक़सद यह था कि उसे ऐक्टिंग का मौक़ा दिया जाय। चमन लाल गुजराती और देसाई था उसने वी.एच. को मुलाज़िम रख लिया। उसके कहने पर चन्द डायरेक्टरों ने आज़माइश के तौर पर मुख़्तलिफ़ फ़िल्मों में थोड़ा-थोड़ा काम दिया और इस नतीजे पर पहुँचे कि उसको फिर आज़माना बहुत बड़ी ख़ता है। चुनांचे वह कुछ अर्से के लिए बेकार सागर मूवी टोन में पड़ा रोटियाँ तोड़ता रहा।

उस दौरान में मिस्टर हिमांशु राय बम्बई टॉकीज़ क़ायम कर चुके थे। जिसके मुतादिद फ़िल्म कामयाब भी हो चुके थे। उस इदारे के मुताल्लिक़ मशहूर था कि तालीम याफ़्ता लोगों की क़द्र करता है। यह दुरुस्त भी था। चुनांचे देसाई क़िस्मत आज़मायी के लिए वहाँ पहुँचा। दो-तीन चक्कर लगाने और मुख़्तलिफ़ सिफ़ारिशी खुतूत हासिल करने के बाद मिस्टर हिमांशु राय से मिला—हिमांशु राय ने उसकी शक्ल-ओ-सूरत और उसकी तमाम कमज़ोरियों को पेश-ए-नज़र रखते हुए एक ख़ास किरदार वज़अ किया और हिन्दोस्तानी स्क्रीन को एक ऐसा ऐक्टर बख़्शा जो ऐक्टिंग से बिलकुल ना-आशना था।

पहले ही फ़िल्म में वी.एच.देसाई फिल्म-बीनों की तवज्जह का मरकज बन गया। बम्बई टॉकीज़ के अमले को शूटिंग के दौरान में जो मुश्किलात पेश आयीं, वह बयान से बाहर हैं। सबकी कुव्वत-ए-बर्दाश्त जवाब दे-दे जाती थी। मगर वह अपने तजरुबे में डटे रहे। आख़िर कामयाब रहे। उस फ़िल्म के बाद देसाई बम्बई टॉकीज़ के फ़िल्मों का जज्ब-ए-लायन्फ़िक बन गया। उसके बग़ैर बम्बई-टॉकीज़ की फ़िल्म ग़ैर-मुकम्मल और रूखी-फीका समझी जाती थी।

देसाई अपनी कामयाबी पे ख़ुश था। मगर उसको हैरत हर्गिज़ नहीं थी। वह समझता था कि उसकी कामयाबी उसकी ज़हानत-ओ-ज़कावत और अथक कोशिशों का नतीजा है। मगर ख़ुदा बेहतर जानता है कि इन तमाम चीज़ों का उसकी शोहरत और कामयाबी में ज़र्रा बराबर दख़ल नहीं था। यह सिर्फ़ कुदरत की सितम ज़रीफ़ी थी कि वह फ़िल्मों का सबसे बड़ा ज़रीफ़ बन गया था।

मेरी मौजूदगी में उसने फ़िल्मिस्तान के तीन फ़िल्मों में हिस्सा लिया। उन तीन फ़िल्मों का नाम अललतरतीब ये है 'चल-चल रे नौजवान', 'शिकारी' और 'आठ दिन'। हर फ़िल्म की तैयारी के दौरान हम उसकी तरफ़ से मुतअद्दद बार मायूस हुए। मगर अशोक और मुकर्जी चूँकि मुझे बता चुके थे कि उससे काम लेने के लिए चित्त करें क़तअयी तौर पर मार देना पड़ता है। इसलिए मुझे अपनी जल्द घबड़ा जाने वाली तबीयत को काबू में रखना पड़ा, वरना बहुत मुमकिन था कि मैं 'चल-चल रे नौजवान' की शूटिंग ही के दौरान में दूसरे जहान को चल पड़ता। वैसे कभी-कभी गुस्से के आलम में यह ख़्वाहिश बड़ी शिद्दत से पैदा होती थी कि कैमरा उठा कर उसके सिर पर दे मारा जाय। माइक्रोफ़ोन का पूरा बूम उसके हलक़ में खोंस दिया जाय और सारे बल्ब उतार कर उसकी लाश पर ढेर कर दिये जायें। मगर जब इस क़स्द से उसकी तरफ़ देखते तो यह सफ़्फ़ाकाना-अज़्म हँसी में तब्दील हो जाता।

मुझे मालूम नहीं इज़राईल अलैस्सलाम ने उसकी जान क्योंकर ली होगी, क्योंकि उसको देखते ही हँसी के मारे उनके पेट में बल पड़-पड़ गये होंगे। मगर सुना है कि फ़रिश्तों के पेट नहीं होता। कुछ भी हो देसाई की जान लेते हुए वह यक़ीनन एक बहुत ही दिलचस्प तजरुबे से दोचार हुए होंगे।

जान लेने का ज़िक्र आया तो मुझे 'शिकारी' का आख़री सीन याद आ गया। उसमें हमें देसाई की जान लेनी थी—उन्हें बेरहम जापानियों के हाथों ज़ख़्मी हो कर मरना था और मरते वक़्त अपने होनहार और बहादुर सागर बादल (अशोक) और उसकी महबूबा 'वीरा' से मुख़ातिब हो कर यह कहना था कि वे उसकी मौत पर मग़मूम न हों और अपना नेक काम किये जायें। मुकालमों की सेहत-ए-अदायगी का सवाल हस्ब-ए-मामूल मुश्किल था, मगर अब यह मुसीबत दरपेश थी कि देसाई को किस अन्दाज़ से मारा जाय कि लोग न हँसे। मैंने तो अपना फ़ैसला दे दिया था कि उसको अगर सचमुच भी मार दिया जाये तो लोग हँसेगे। वह कभी यक़ीन ही नहीं करेंगे कि देसाई मर रहा है या मर चुका है। उनके ज़ेहन में देसाई की मौत का तसव्वुर आ ही नहीं सकता।

मेरे इख़्तियार में होता तो मैंने यक़ीनन आख़िर का सीन हज़फ़ कर दिया होता। मगर मुश्किल यह थी कि कहानी का बहाव ही कुछ ऐसा था कि अंजाम में उस कैरेक्टर की मौत ज़रूरी थी जो कि उसे सौंपा गया था। कई दिन हम सोचते रहे कि इस मुश्किल का कोई हल मिल जाय। मगर नाकाम रहे। अब इसके सिवा और कोई चारा नहीं था कि उसे मरता दिखाया जाय।

मुकालमों की सेहत अब सानवी अहमियत रखती थी। जब रिहर्सलें की गयीं, तो हम सब ने नोट किया कि वह निहायत ही मज़हका-ख़ेज़ तरीके पर मरता है। अशोक और वीरा से मुख़ातिब होते हुए वह कुछ इस अन्दाज़ से अपने दोनों हाथ हिलाता है जैसे कूक-भरा खिलौना। उसकी यह हरकत बहुत ही ख़न्दह-ख़ेज़ थी। हम ने बहुत कोशिश की कि वह साकित पड़ा रहे और अपने बाज़ुओं को जुम्बिश न दे। मगर दिमाग़ की तरह उसका जिस्म भी उसके इख़्तियार से बाहर था।

बड़ी देर के बाद आख़िर अशोक को एक तरक़ीब सूझी और वह यह थी कि जब सीन शुरू हो, तो वीरा और वे दोनों उसके हाथ पकड़ ले। यह तरकीब कारगर साबित हुई। सबने इत्मीनान का साँस लिया। लेकिन जब पर्दे पर फ़िल्म पेश हुई और देसाई की मौत का यह मंज़र आया, तो सारा हाल कहकहों से गूँज उठा—हमने फ़ौरन दूसरे शो के लिए उसको कैंची से मुख़्तसर कर दिया। मगर तमाशाइयों के रद्द-ए-अमल में कोई तब्दीली वाक़अ न हुई। आख़िर थक हार कर उसको वैसे-का-वैसा रहने दिया।

देसाई आंजहानी बेहद कंजूस था। किसी दोस्त पर एक दमड़ी भी ख़र्च नहीं करता था। बड़े अर्से के बाद उसने क़िश्तों पर अशोक से उसकी पुरानी मोटर ख़रीदी। वह ख़ुद चूँकि ड्राइव करना नहीं जानता था, इसलिए एक मुलाज़िम रखना पड़ा। मगर यह मुलाज़िम हर दसवें-पन्द्रहवें रोज़ बदल जाता था। मैंने एक रोज़ उसकी वजह दरियाफ़्त की तो देसाई गोल कर गया। लेकिन मुझे साउंड रिकार्डिस्ट जगताप ने बताया कि देसाई साहब एक ड्राइवर रखते हैं। नमूने के तौर पर उसका काम दस-बारह रोज़ देखते हैं और फिर उसे "कण्डम" करके दूसरा रख लेते हैं। यह सिलसिला काफ़ी देर तक जारी रहा, मगर उसी दौरान में उसने ख़ुद मोटर चलाना सीख लिया।

आंजहानी को दमे की शिकायत बहुत अर्से से थी। यह मर्ज़ ला-एलाज क़रार दे दिया गया था। किसी के कहने पर उसने हर रोज़ दवा के तौर पर थोड़ी-सी खुश्क भंग खाना शुरू की थी। अब वह उसका आदी बन गया था। शाम को सर्दियों के मौसम में ब्राण्डी का आधा पैग भी पीता था और ख़ूब चहका करता था।

"आठ दिन" में एक सीन ऐसा था कि उसे पानी के टब में बैठना था। मौसम ख़ुशगवार था, मगर उसकी हद से नाज़ुक तबीयत के लिए नाक़ाबिल-ए-बर्दाश्त हद तक सर्द था। हमने इसके पेश-ए-नज़र पानी गर्म करा दिया और साथ ही प्रोडक्शन मैनेजर से कह दिया कि ब्राण्डी तैयार रखे। जिन असहाब ने यह फ़िल्म देखी है उनको यह मंज़र ज़रूर याद होगा जिसमें टीकम लाला (देसाई) सर नरेन्द्र के गुसलख़ाने में टब में बैठा है। सिर पर बर्फ़ की थैली है। एक छोटा पंखा चल रहा है और वह शराब के नशे में धुत यह कह रहा है "चारों तरफ़ समन्दर-ही-समन्दर है ऊपर बर्फ़ का पहाड़ है—वग़ैरा-वग़ैरा।"

शूटिंग ख़त्म हुई तो जल्दी-जल्दी देसाई के कपड़े तबदील कराए गये। उसके बदन को अच्छी तरह खुश्क किया गया। फिर उसको एक पैग ब्राण्डी का दिया गया।

यह उसके हलक़ से नीचे उतरी तो उसने बहकना शुरू कर दिया। इतनी क़लील मक़दार ही ने उसे पूरा शराबी बना दिया। कमरे में सिर्फ़ मैं मौजूद था। चुनांचे वह मुझे लुकनत-भरे लहजे में अपने तमाम कारनामों की दास्तान सुनाने लगा। कचहरियों में वह कैसे मुक़दमे लड़ता था और किस शानदार और ज़ोरदार तरीक़े पर अपने मुवक्किलों की वकालत करता था।

देसाई क़ायद-ए-आज़म मुहम्मद अली जिन्नाह मरहूम और श्री भोला भाई देसाई की कानूनदानी और उनके ज़ोर-ए-वकालत का बहुत मोतरफ़ था। क़ायद-ए-आज़म मरहूम से वह कई बार शर्फ़-ए-मुलाक़ात हासिल कर चुका था और मोतद्द मर्तबा अदालत-ए-आलिया में उनकी कानूनी मू-शगफ़ियाँ सुन चुका था।

ग़ालिबन "आठ दिन" फ़िल्माने ही का ज़माना था कि हुकूमत-ए-पंजाब ने ज़ेर-ए-दफ़ा 292 मेरे लिए वारंट जारी किये। मेरे अफ़साने "बू" पर फ़हाशी का इल्ज़ाम था। इसका ज़िक्र देसाई से हुआ तो उसने अपनी कानूनी वाक़फियूयत बघारना शुरू कर दी। दफ़अतन मुझे एक दिलचस्प शरारत सूझी। वह यह कि अपने मुक़दमे की पैरवी के लिए उसे मुन्तख़िब करूँ। अदालत में यक़ीनन एक हंगामा-बरपा हो जाता, जब वह मेरी तरफ़ से पेश होता। मैंने इसका ज़िक्र मुकर्जी से किया वह फ़ौरन मान गये। बात वाक़ई मज़े की थी।

गवाहों की फ़हरिस्त बनाई तो मैंने इंडियन चार्ली नूर मुहम्मद को भी उसमें शामिल कर लिया। चार्ली और देसाई सारे लाहौर को अदालत के कमरे में खींचने के लिए काफ़ी थे। मैं इसका तसव्वुर करता तो मेरे सारे बुजूद में हँसी का चश्मा फूटने लगता। मगर अफ़सोस कि शूटिंग की मुश्किलात के बायस मेरा यह दिलचस्प ख़्वाब पूरा न हुआ।

देसाई ने मुताल्लिक़ा दफ़ा के मुताल्लिक़ तमाम मालूमात हासिल कर ली थीं जो मेरे नज़दीक क़तअयी ज़रूरी नहीं थीं, इसलिए कि मैं तो सिर्फ़ तफ़रीह चाहता था। नूर मुहम्मद चार्ली ने भी अपनी गवाही का ख़ाका तैयार कर लिया था। मगर वह उधर 'रंजीत' में कुछ इस तरह अपनी फ़िल्मों की शूटिंग में मसरूफ़ था कि एक दिन के लिए भी बम्बई छोड़ नहीं सकता था।

देसाई को अफ़सोस था कि उसे अपनी कानूनी क़ाबलियत दिखाने का मौक़ा न मिला। कमबख़्त की निगाहों से यह बिलकुल ओझल था कि मुझे उसकी इस क़ाबलियत से कोई दिलचस्पी नहीं थी। मैं तो यह चाहता था कि जब वह अदालत में पेश हो तो बार-बार बौखलाये और जो कुछ कहना चाहता है बार-बार भूले। पेशावर के पानी को पेशाब बनाए और इतने री-टेक कराए कि सबकी तबीयत साफ़ हो जाय।

देसाई मर चुका है। ज़िन्दगी में सिर्फ़ एक बार उसने री-टेक होने नहीं दिया। रिर्हसल किये बग़ैर उसने इज़राईल अलैस्सलाम के हुक्कम की तामील की और लोगों को मज़ीद हँसाये बग़ैर मौत की गोद में चला गया।

इस्मत चुग़ताई

आज से तक़रीबन डेढ़ बरस पहले जब मैं बम्बई में था, हैदराबाद से एक साहब का पोस्टकार्ड मौसूल हुआ। मज़मून कुछ इस क़िस्म का था।

"यह क्या बात है कि इस्मत चुग़ताई ने आप से शादी न की? मंटो और इस्मत अगर यह दो हस्तियाँ मिल जातीं तो कितना अच्छा होता, मगर अफ़सोस कि इस्मत ने शाहिद से शादी कर ली और मंटो..."

उन्हीं दिनों हैदराबाद में तरक़्क़ीपसन्द मुसन्निफों की एक कान्फ्रेंस हुई। मैं उसमें शरीक नहीं था। लेकिन हैदराबाद के एक पर्चे में उसकी रूदाद देखी जिसमें यह लिखा था कि वहाँ बहुत सी लड़कियों ने इस्मत को घेर कर यह सवाल किया, "आपने मंटो से शादी क्यों न की?"

मुझे मालूम नहीं कि यह बात दुरुस्त है या ग़लत। लेकिन जब इस्मत बम्बई वापस आयी तो उसने मेरी बीवी से कहा कि हैदराबाद में एक लड़की ने उससे सवाल किया। "क्या मंटो कुँवारा है?" तो उसने ज़रा तेज़ के साथ जवाब दिया—"जी नहीं।" इस पर वह मोहतरमा इस्मत के बयान के मुताबिक़ कुछ खिसयानी-सी हो कर ख़ामोश हो गयीं।

वाक़आत कुछ भी हो, लेकिन यह बात ग़ैर-मामूली तौर पर दिलचस्प है कि सारे हिन्दोस्तान में एक सिर्फ़ हैदराबाद ही ऐसी जगह ले जहाँ मर्द और औरतें मेरी और इस्मत की शादी के मुताल्लिक़ फ़िक्रमन्द रहे हैं।

उस वक़्त तो मैंने ग़ौर नहीं किया था लेकिन अब सोचता हूँ अगर मैं और इस्मत वाक़ई मियाँ-बीवी बन जाते तो क्या होता? यह 'अगर' भी कुछ उसी क़िस्म की अगर है। अगर कहा जाय कि अगर क्लियोपेत्रा की नाक एक इंच का अठारहवाँ हिस्सा बड़ी होती तो उसका असर वादी-ए-नील की तारीख़ पर क्या पड़ता। लेकिन यहाँ इस्मत क्लियोपेत्रा है और न मंटो एंटनी, लेकिन इतना ज़रूर है कि अगर मंटो और इस्मत की शादी हो जाती तो उस हादसे का असर अहद-ए-हाजिर के अफ़सानवी अदब की तारीख़ पर एटमी हैसियत रखता। अफ़साने अफ़साने बन जाते। कहानियाँ मुड़-तुड़ कर पहेलियाँ हो जातीं। इंशा की छातियों में सारा दूध खुश्क हो कर या तो एक नादिर सुफ़ोफ़ की शक्ल इख़्तियार कर लेता या भस्म हो कर राख बन जाता

और यह भी मुमकिन हैं कि निकाहनामे पर उनके दस्तख़त उनके क़लम की आख़री तहरीर होते। लेकिन सीने पर हाथ रखकर यह भी कौन कह सकता है कि निकाहनामा होता। ज़्यादा क़रीन-ए-क़यास तो यही मालूम होता है कि निकाहनामे पर दोनों अफ़साने लिखते और काज़ी साहब की पेशानी पर दस्तख़्त कर देते ताकि सनद रहे। निकाह के दौरान में कुछ ऐसी बातें भी हो सकती थीं।

इस्मत, "क़ाज़ी साहब की पेशानी ऐसा लगता है तख़्ती है।"

"क्या कहा?"

"तुम्हारे कानों को क्या हो गया है?"

"मेरे कानों को तो कुछ नहीं हुआ—तुम्हारी अपनी आवाज़ हलक़ से बाहर नहीं निकलती।"

"हद हो गयी है—लो अब सुनो। मैं यह कह रहा था काज़ी साहब की पेशानी बिलकुल तख़्ती से मिलती जुलती है।"

"तख़्ती तो बिलकुल सपाट होती है।"

"यह पेशानी सपाट नहीं?"

"तुम सपाट का मतलब भी समझते हो।"

"जी नहीं।"

"सपाट माथा तुम्हारा है—क़ाज़ी जी का माथा थो..."

"बड़ा ख़ूबसूरत है।"

"ख़ूबसूरत तो है।"

"तुम महज़ चिढ़ा रही हो मुझे।"

"चिढ़ा तुम रहे हो मुझे।"

"मैं कहता हूँ तुम चिढ़ा रही हो मुझें।"

"मैं कहती हूँ तुम चिढ़ा रहे हो मुझे।"

"तुम्हें मानना पड़ेगा कि तुम चिढ़ा रही मुझे।"

"अजी वाह—तुम तो अभी से शौहर बन बैठे।"

"क़ाज़ी साहब, मैं इस औरत से शादी नहीं करूँगा—अगर आपकी बेटी का माथा भी आप ही के माथे की तरह है तो मेरा निकाह उससे पढ़वा दीजिए।"

"क़ाज़ी साहब, मैं इस मर्द से शादी नहीं करूँगी—अगर आपकी चार बीवियाँ नहीं हैं तो मुझसे शादी कर लीजिए। मुझे आपका माथा बहुत पसन्द है।"

कृष्ण चन्द्र "चोटें" के दीबाचे में लिखता हैः

> "सम्मत को छुपाने में पढ़ने वाले को हैरत-ओ-इज़तिराब में गुम कर देने में और फिर यकायक आख़िर में उस इज़तिराब-ओ-हैरत को मसर्रत में मुबद्दल कर देने की सिफ़त में इस्मत और मंटो एक दूसरे के बहुत क़रीब हैं और इस फ़न में उर्दू के बहुत कम अफ़साना निगार उनके हरीफ़ हैं।"

अगर हम दोनों को शादी का ख़याल आता तो दूसरों को हैरत-ओ-इज़तिराब में गुम करने के बजाय हम ख़ुद उसमें ग़र्क़ हो जाते और जब एकदम चौंकते तो यह हैरत-ओ-इज़तिराब जहाँ तक मैं समझता हूँ मर्सरत के बजाय एक बहुत बड़े फ़काहिया में तबदील हो जाता—इस्मत और मंटो, निकाह और शादी। कितनी मज़हका ख़ेज़ चीज़ है।

इस्मत लिखती है—

एक ज़रा सी मुहब्बत की दुनिया में कितने शौकत, कितने महमूद, अब्बास, असकरी, यूनुस और न जाने कौन-कौन ताश की गड्डी की तरह फेंट कर बिखेर दिये गये हैं। कोई बताओ, इनमें से चोर पत्ता कौन-सा है? —शौकत की भूखी-भूखी कहानियों में लबरेज़ आँखें महमूद के साँपों की तरह रेंगते हुए आ'जा, असकरी के बेरहम हाथ, यूनुस के निचले होंट का स्याह तिल, अब्बास का खोई हुई मुस्कराहटें और हज़ारों चौड़े-चकले सीने कुशादा पेशानियाँ, घने-घने बाल, सुडोल पिण्डलयाँ मज़बूत बाज़ू। सब एक साथ मिलकर पक्के सूत के डोरों की तरह उलझ कर रह गये हैं। परेशान हो-हो कर उस ढेर को देखती हूँ। मगर समझ में नहीं आता कि कौन-सा सिरा पकड़ कर खींचूँ कि खिंचता ही चला आये और मैं उसके सहारे दूर उफ़क़ से, भी ऊपर एक पतंग की तरह तन जाऊँ।

(छोटी आपा)

मंटो लिखता है :

मैं सिर्फ़ इतना समझा हूँ कि औरत से इश्क़ करना और ज़मीनें ख़रीदना तुम्हारे लिए एक ही बात है। सो तुम मुहब्बत करने के बजाय एक दो बीघे ज़मीन ख़रीद लो और उस पर सारी उम्र क़ाबिज़ रहो—ज़िन्दगी में सिर्फ़ एक औरत—और यह दुनिया इस क़दर भरी हुई क्यों है? क्यों इसमें इतने तमाशे जमा हैं? सिर्फ़ गण्डुम पैदा करके ही अल्लाह मियाँ ने अपना हाथ क्यों न रोक लिया—मेरी सुनो और इस ज़िन्दगी को जो कि तुम्हें दी गयी है अच्छी तरह इस्तेमाल करो—तुम ऐसे गाहक हो जो औरत हासिल करने के लिए सारी उम्र सरमाया जमा करते रहोगे मगर उसे नाक़ाफ़ी समझोगे। मैं ऐसा ख़रीदार हूँ जो ज़िन्दगी में कई औरतों से सौदे करेगा—तुम ऐसा इश्क़ करना चाहते हो कि उसकी नाकामी पर कोई अदना दर्जे का मुसन्निफ़ एक किताब लिखे। जिसे नारायण दत्त सहगल पीले काग़ज़ों पर छापे और डब्बी बाज़ार में उसे रद्दी के भाव बेचे—मैं अपनी किताब-ए-हयात के तमाम अवराक दीमक बन कर चाट जाना चाहता हूँ ताकि उसका कोई निशान बाक़ी न रहे। तुम मुहब्बत में ज़िन्दगी चाहते हो। मैं ज़िन्दगी में मुहब्बत चाहता हूँ।

(तकलीफ़)

इस्मत को अगर उलझे हुए सूत के ढेर में से ऐसा सिरा मिल जाता, खींचने पर जो खिंचता ही चला आता और वह उसके सहारे दूर उफ़क़ से ऊपर एक पतंग की तरह तन जाती और मंटो अगर अपनी किताब-ए-हयात के आधे अवराक़ भी दीमक बनकर चाटने में कामयाब हो जाता तो आज अदब की लौह पर उनके फ़न के नुकूश इतने गहरे कभी न होते। वह दूर उफ़क़ से भी ऊपर हवा में तनी रहती और मंटो के पेट में उसकी किताब-ए-हयात के बाक़ी अवराक़ भुस भर के उसके हमदर्द उसे शीशे की अलमारी में बन्द कर देते।

> "चोटें" के दीबाचे में कृष्ण चन्द्र लिखता है : 'इस्मत' का नाम आते ही मर्द अफ़साना-निगारों को दौरे पड़ने लगते हैं। शर्मिन्दा हो रहे हैं। आप ही आप ख़फ़ीफ़ हुए जा रहे हैं। यह दीबाचा भी उसी ख़िफ़्फ़त को मिटाने का एक नतीजा है।"

इस्मत के मुताल्लिक़ जो कुछ मैं लिख रहा हूँ किसी भी क़िस्म की ख़िफ़्फ़त मिटाने का नतीजा नहीं। एक क़र्ज़ था, जो सूद की बहुत ही हल्की शरह के साथ अदा कर रहा हूँ।

सबसे पहले मैंने इस्मत का कौन-सा अफ़साना पढ़ा था, मुझे बिलकुल याद नहीं। यह सुतूर लिखने से पहले मैंने हाफिज़े को बहुत खुरचा। लेकिन उसने मेरी रहबरी नहीं की। ऐसा महसूस होता है कि मैं इस्मत के अफसाने काग़ज़ पर मुन्तक़िल होने से पहले ही पढ़ चुका था। यही वजह है कि मुझ पर कोई दौरा नहीं पड़ा। लेकिन जब मैंने उसको पहली बार देखा तो मुझे सख़्त नाउम्मीदी हुई।

अडल्फ़ी चेम्बर्ज़ क्लेयर रोड बम्बई के 17 नम्बर फ़्लैट में जहाँ "मुसव्विर" हफ़्तावार का दफ़्तर था। शाहिद लतीफ़ अपनी बीवी के साथ दाख़िल हुआ। यह अगस्त 1942 ई. की बात है, तमाम कांग्रेसी लीडर महात्मा गांधी समेत गिरफ़्तार हो चुके थे और शहर में काफी गड़बड़ थी। फ़ज़ा सियासयात में बसी हुई थी इसलिए कुछ देर गुफ़्तगू का मौज़ू तहरीक-ए-आज़ादी रहा। उसके बाद रुख़ बदला और अफ़सानों की बातें शुरू हुईं।

एक महीना पहले जबकि मैं आल इण्डिया रेडियो दिल्ली में मुलाज़िम था। अदब-ए-लतीफ़ में इस्मत का "लिहाफ़" शाया हुआ था। उसे पढ़कर मुझे याद है मैंने कृष्ण चन्द्र से कहा था—"अफ़साना बहुत अच्छा है, लेकिन आख़री जुमला बहुत ही ग़ैर सन्नाआना है। अहमद 'नदीम' की जगह अगर मैं एडिटर होता तो उसे यक़ीनन हज़्फ़ देता।" चुनांचे जब अफ़सानों पर बातें शुरू हुई तो मैंने इस्मत से कहा, "आपका अफ़साना लिहाफ़ मुझे बहुत पसन्द आया। बयान में अल्फ़ाज़ को बक़द्र-ए-किफ़ायत इस्तेमाल करना आपकी नुमायाँ खुसूसयत रही है। लेकिन मुझे ताज्जुब है कि उस अफ़साने के आखिर में आपने बेकार सा जुमला लिख दिया कि एक इंच उठे हुए लिहाफ़ में मैंने क्या देखा। कोई मुझे लाख रुपया भी दे तो मैं कभी नहीं बताऊँगी।"

इस्मत ने कहा, "क्या ऐब है इस जुमले में?"

मैं जवाब में कुछ कहने ही वाला था कि मुझे इस्मत के चेहरे पर वही सिमटा हुआ हिजाब नज़र आया, जो आम घरेलू लड़कियों के चेहरे पर नागुफ़्तनी शय का नाम सुन कर नमूदार हुआ करता है। मुझे सख़्त नाउम्मीदी हुई इसलिए कि मैं "लिहाफ़" के तमाम जुज़्यात के मुताल्लिक़ उससे बातें करना चाहता था। जब इस्मत चली गयी तो मैंने दिल में कहा, "यह तो कमबख़्त बिलकुल औरत, निकली।"

मुझे याद है उस मुलाक़ात के दूसरे ही रोज़ मैंने अपनी बीवी को दिल्ली ख़त लिखा था, "इस्मत से मिला। तुम्हें यह सुन कर हैरत होगी कि वह बिलकुल ऐसी ही औरत है जैसी तुम हो। मेरा मज़ा तो बिलकुल किरकिरा हो गया। लेकिन तुम उसे यक़ीनन पसन्द करोगी। मैंने जब उससे एक इंच उठे हुए लिहाफ़ का ज़िक्र किया तो नालायक़ उसका तसव्वुर करते ही झेंप गयी।"

एक अर्से के बाद मैंने अपने उस पहले रद्द-ए-अमल पर संजीदगी से ग़ौर किया और मुझे उस उम्र का शदीद एहसास हुआ कि अपने फन की बक़ा के लिए इंसान को अपनी फ़ितरत की हुदूद में रहना अज़ बस लाज़िम है। डॉक्टर रशीद जहाँ का फ़न आज कहाँ है? कुछ तो गेसुओं के साथ कटकर अलाहिदा हो गया और कुछ पतलून की जेबों में ठस हो कर रह गया। फ्रांस में "जार्जसाँ" ने निस्वानियत का हसीन मलबूस उतार कर तसन्नों की ज़िन्दगी इख़्तियार की। पालिस्तानी मौसीक़ार शो पीस से लुहू थुकवा-थुकवा कर उसने लाल-ओ गुहर ज़रूर पैदा कराए। लेकिन उसका अपना जौहर उसके वतन में दम घुटके मर गया।

मैंने सोचा औरत जंग के मैदानों में मर्दों के दोश-ब-दोश लड़े पहाड़ काटे। अफ़साना-निगारी करते-करते इस्मत चुग़ताई बन जाय। लेकिन उसके हाथों में कभी-कभी मेंहदी रचनी ही चाहिए। उसकी बाँहों से चूड़ी की खनक आनी ही चाहिए। मुझे अफ़सोस है जो मैंने उस वक़्त अपने दिल में कहा, "यह तो कमबख़्त बिलकुल औरत निकली।"

इस्मत अगर बिलकुल औरत न होती तो उसके मजमूओं में भूल-भुलैयाँ, तिल, लिहाफ़ और गेंदा जैसे नाजुक और मुलायम अफ़साने कभी नज़र न आते। यह अफ़साने औरत की मुख़्तलिफ़ अदाएँ हैं। साफ़-शफ़्फ़ाफ़ हर क़िस्म के तसन्नों से पाक। यह अदाएँ वह अश्वे, वह ग़मज़े नहीं जिनके तीर बनाकर मर्दों के दिल और कलेजे छलनी किये जाते हैं। जिस्म की भौण्डी हरकतों से उन अदाओं का कोई ताल्लुक नहीं। उन रूहानी इशारों की मंज़िल-ए-मकसूद इंसान का ज़मीर है। जिसके साथ वह औरत ही की अनजानी अनबूझी मगर मख़मलीं फितरत लिए बग़लगीर हो जाते हैं।

उनकी रंगत बदली। "बिचारा बच्चा....मर गया उसका बाप शायद।"

"ख़ाक तुम्हारे मुँह में, ख़ुदा न करे।" मैंने नन्हें को कलेजे से लगा लिया।

"ठाएँ" नन्हें ने मौक़ा पाकर बन्दूक़ चलाई।

"हाये पाजी—अब्बा को मारता है।" मैंने बन्दूक़ छीन ली।

(भूल भुलैयाँ)

और लोग कहते हैं 'इस्मत' नाशुदनी है, चुड़ैल है—गधे कहीं के। इन चार सतरों में इस्मत ने औरत की रूह निचोड़ कर रख दी है और यह लोग उसे एख़लाक की इम्तिहानी नलियों में बैठे हिला-हिला कर देख रहे हैं। तोप दम कर देना चाहिए ऐसी औंधी खोपड़ियों को।

"साक़ी" में "दोज़ख़ी" छपा। मेरी बहन ने पढ़ा और मुझसे कहा—"सआदत! यह इस्मत कितनी बेहूदा है। अपने मूए भाई को भी नहीं छोड़ा कमबख़्त ने। कैसी-कैसी फुजूल बातें लिखी हैं।"

मैंने कहा—"इक़बाल अगर मेरी मौत पर तुम ऐसा ही मज़मून लिखने का वादा करो तो ख़ुदा की क़सम मैं आज मरने के लिए तैयार हूँ।"

शाहजहाँ ने अपनी महबूबा की याद क़ायम रखने के लिए ताजमहल बनवाया। इस्मत ने अपने महबूब भाई की याद में "दोज़ख़ी" लिखा। शाहजहाँ ने दूसरों से पत्थर उठवाए। उन्हें तरशवाया और अपनी महबूबा की लाश पर अज़ीमुश्शान इमारत तामीर कराई। इस्मत ने ख़ुद अपने हाथों से अपने ख़्वाहराना जज़्बात चुन-चुन कर एक ऊँचा मचान तैयार किया और उस पर नर्म-नर्म हाथों से अपने भाई की नअश रख दी। ताज शाहजहाँ की मुहब्बत का बहना मरमरीं इश्तिहार मालूम होता है। लेकिन "दोज़खी" इस्मत की मुहब्बत का निहायत ही लतीफ़ और हसीन इशारा है। वह जन्नत जो उस मज़मून में आबाद है, उन्वान उसका इश्तिहार नहीं देता।

मेरी बीवी ने यह मज़मून पढ़ा तो इस्मत से कहा—"यह तुमने क्या खुराफ़ात लिखी है।"

"बको नहीं—लाओ वह बर्फ़ कहाँ है?"

इस्मत को बर्फ़ खाने का बहुत शौक़ है। बिलकुल बच्चों की तरह डली हाथ में लिए दाँतों से कटाकट काटती रहती है। उसने अपने बाज़ अफ़साने भी बर्फ़ खा-खा कर लिखे हैं। चारपायी पर कोहनियों के बल औंधी लेटी है। सामने तकिए पर कापी खुली है। एक हाथ में फ़ाउन्टेन पेन है और दूसरे हाथ में बर्फ़ की डली। रेडियो ऊँचे सुरों में चिल्ला रहा है। मगर उसका क़लम और मुँह दोनों खटाखट चल रहे हैं।

इस्मत पर लिखने के दौरे पड़ते हैं। न लिखे तो महीनों गुज़र जाते हैं। पर जब दौरा पड़े तो सैकड़ों सफ़हे उसके कलम के नीचे से निकल जाते हैं। खाने-पीने, नहाने-धोने का कोई होश नहीं रहता। बस हर वक़्त चारपायी पर कोहनियों के बल औंधी लेटी अपने टेढ़े-मेढ़े आराब और इमला से बे नियाज़ ख़त में काग़ज़ों पर अपने ख़यालात मुन्तक़िल करती रहती है।

"टेढ़ी लकीर" जैसा तूल-तवील नाविल मेरा ख़याल है 'इस्मत' ने सात-आठ नशिस्तों में ख़त्म किया था।

कृष्ण चन्द्र इस्मत के बयान की रफ़्तार के मुताल्लिक़ लिखता है:

> अफ़सानों के मुतालअ से एक और बात जो ज़ेहन में आती है, वह है घुड़ दौड़। यानी रफ़्तार हरकत, सुबुक ख़रामी (मेरा ख़याल है इससे कृष्ण चन्द्र की मुराद कब्र रफ़्तारी थी) और तेजगामी। न सिर्फ़ अफ़साना दौड़ता हुआ मालूम होता है बल्कि फ़िक़रे कनाय और इशारे और आवाज़ें और किरदार और जज़्बात और एहसासात एक तूफ़ान की-सी बला ख़ेज़ी के साथ चलते और आगे बढ़ते नज़र आते हैं।

इस्मत का क़लम और उसकी ज़बान दोनों बहुत तेज़ हैं। लिखना शुरू करेगी तो कई मर्तबा उसका दिमाग़ और निकल जायेगा और अल्फ़ाज़ बहुत पीछे हाँफते रह जायेंगे। बातें करेगी तो लफ़्ज़ एक दूसरे पर चढ़ते जायेंगे। शेखी बघारने की ख़ातिर अगर कभी बावर्चीख़ाने में चली जायेगी तो मामला बिलकुल चौपट हो जायेगा। तबीयत में चूँकि बहुत ही उजलत है इसलिए आटे का पेड़ा बनाते ही सिंकी सिंकाई रोटी की शक्ल देखना शुरू कर देती है। आलू अभी छीले नहीं गये लेकिन उनका सालन उसके दिमाग़ में पहले ही तैयार हो जाता है और मेरा ख़याल है बाज़ अवक़ात वह बावर्चीख़ाने में क़दम रख कर ख़याल-ख़याल में शिकम सेर हो कर लौट आती होगी—लेकिन उस हद से बढ़ी हुई उजलत के मुक़ाबले में उसको मैंने बड़े ठण्डे इत्मीनान और सुकून के साथ अपनी बच्ची के फ्रॉक सीते देखा है। उसका क़लम लिखते वक़्त इमला की ग़लतियाँ कर जाता है, लेकिन नन्हीं के फ्रॉक सीते वक़्त उसकी सुई से हल्की सी लग़ज़िश भी नहीं होती। नपे तुले टाँके होते हैं और मजाल है जो कहीं झोल हो।

"उफ़ रे बच्चे" में इस्मत लिखती है:

> "घर क्या है महल्ले का महल्ला है। मर्ज फैले बबा आये। दुनिया के बच्चे पटा पट मरे मगर क्या मजाल जो यहाँ एक भी टस से मस हो जाय। हर साल माशा अल्लाह घर अस्पताल बन जाता है—सुनते हैं दुनिया में बच्चे भी मरा करते हैं। मरते होंगे। क्या ख़बर?"

और पिछले दिनों बम्बई में जब उसकी बच्ची सीमा को काली खाँसी हुई तो वह रातें जागती थी। हर वक़्त खोई-खोई रहती थी। ममता माँ बनने के साथ ही कोख से बाहर निकलती है।

इस्मत परले दर्जे की हठ-धर्म है। तबीयत में ज़िद है बिलकुल बच्चों की-सी। ज़िन्दगी के किसी नज़रिये को, फ़ितरत के किसी कानून को पहले ही साबके में कभी कबूल नहीं करेगी। पहले शादी से इंकार करती रही। जब आमादा हुई तो बीवी बनने से इंकार कर दिया। बीवी बनने पर ज्यों-त्यों रजामन्द हुई तो माँ बनने से मुंकिर हो गयी। तकलीफ़ें उठाएगी, सऊबतें बर्दाश्त करेगी, मगर ज़िद से कभी बाज़ नहीं आयेगी। मैं समझता हूँ यह भी उसका एक तरीक़ा है, जिसके ज़रिये से वह ज़िन्दगी

के हक़ायक़ से दो चार हो कर बल्कि टकरा कर उनको समझने की कोशिश करती है—उसकी हर बात निराली है।

इस्मत के ज़नाना और मर्दाना किरदारों में भी यह अजीब-ओ-ग़रीब ज़िद या इंकार-ए-आम पाया जाता है। मुहब्बत में बुरी तरह मुब्दितला हैं, लेकिन नफ़रत का इज़हार किये चले जा रहे हैं। जी गाल चूमने को चाहता है, लेकिन उसमें सुई खबो देंगे। हौले से थपकाना होगा तो ऐसी घौल जमाएँगे कि दूसरा बिलबिला उठे। यह जार-हाना क़िस्म की मंफी मुहब्बत जो महज़ एक खेल की सूरत में शुरू होती है, आमतौर पर इस्मत के अफ़सानों में एक निहायत रहम अंगेज़ सूरत में अंजाम पिज़ीर होती है।

इस्मत का अपना अंजाम भी अगर कुछ इसी तौर पर हुआ और मैं उसे देखने के लिए ज़िन्दा रहा तो मुझे कोई ताज्जुब न होगा।

इस्मत से मिलते-जुलते मुझे पाँच-छह बरस हो गये हैं। दोनों की आतशगीर और भक से उड़ जाने वाली तबीयत के पेश-ए-नज़र एहतमाल तो इसी बात का था कि सैकड़ों लड़ाइयाँ होतीं, मगर ताज्जुब है कि उस दौरान में सिर्फ़ एक बार चिख़ हुई और वह भी हल्की सी।

'शाहिद' और इस्मत के मदअऊ करने पर मैं और मेरी बीवी सफ़िया दोनों मलाड (बम्बई के मुज़ाफ़ात में एक जगह जहाँ 'शाहिद' बम्बई टॉकीज़ की मुलाज़मत के दौरान में मुक़ीम था) गये हुए थे। रात का खाना खाने के बाद बातों-बातों में शाहिद ने कहा, "मंटो तुम से अब भी ज़बान की ग़लतियाँ हो जाती हैं।"

डेढ़ बजे तक मैंने तसलीम न किया कि मेरी तहरीर में ज़बान की ग़लतियाँ होती हैं। 'शाहिद' थक गया। दो बजे तक 'इस्मत' ने अपने शौहर की पैरवी की। मैं फिर भी न माना। दफ़अतन कोई बात कहते हुए इस्मत ने लफ़्ज़ "दस्त दाराज़ी" इस्तेमाल किया। मैंने झट से कहा, "सही लफ़्ज़ दराज दस्ती है" —तीन बज गये, इस्मत ने अपनी ग़लती तसलीम न की। मेरी बीवी सो गयी। शाहिद क़िस्सा ख़त्म करने के लिए दूसरे कमरे से लुग़त उठा लाया। 'दाल' की तख़्ती में लफ़्ज़ दस्त दराज़ी मौजूद ही नहीं था। अलबत्ता दराज़ दस्ती और उसके मा'नी दर्ज थे। शाहिद ने कहा, 'इस्मत अब तुम्हें मानना पड़ेगा'—अब मियाँ-बीवी में चिख़ शुरू हो गयी। मुर्ग अज़ानें देने लगा। इस्मत ने लुग़त उठाकर एक तरफ़ फेंकी और कहा, "जब मैं लुगत बनाऊँगी तो उसमें सही लफ़्ज़ दस्त दराजी होगा। यह क्या हुआ दराज़ दस्ती—दराज़ दस्ती।"

कज बहसी का यह सिलसिला-ए-दराज़ बहरहाल ख़त्म हुआ। उसके बाद हम एक दूसरे से कभी नहीं लड़े, बल्कि यूँ कहिए कि हमने इसका कभी मौक़ा ही नहीं आने दिया। गुफ़्तगू करते-करते जब भी कोई ख़तरनाक मोड़ आया तो इस्मत ने रुख़ बदल लिया या मैं रास्ता काट के एक तरफ़ हो गया।

इस्मत को मैं पसन्द करता हूँ। वह मुझे पसन्द करती है। लेकिन अगर कोई

दफ़अतन पूछ बैठे, "तुम दोनों एक दूसरे की क्या चीज़ पसन्द करते हो।" तो मेरा ख़याल है कि मैं और इस्मत दोनों कुछ अर्से के लिए बिलकुल ख़ाली उज़ ज़ेहन हो जायें।

इस्मत की शक्ल-ओ-सूरत दिलफ़रेब लेकिन दिल नशीन ज़रूर है। उससे पहली मुलाक़ात के नक़्श अभी तक मेरे दिल-ओ-दिमाग़ में महफ़ूज़ हैं। बहुत ही सादा लिबास में थी। छोटी कन्नी की सफ़ेद धोती, सफ़ेद ज़मीन का काली खड़ी लकीरों वाला चुस्त ब्लाउज़। हाथ में छोटा पर्स। पाँव में बग़ैर एड़ी का ब्राउन चप्पल। छोटी-छोटी मगर तेज़ और मुतजस्सुस आँखों पर मोटे-मोटे शीशों वाली ऐनक। छोटे मगर घुँघराले बाल—टेढ़ी माँग। ज़रा-सा मुस्कराने पर भी गालों में गढ़े पड़ जाते थे।

मैं इस्मत पर आशिक न हुआ, लेकिन मेरी बीवी उसकी मुहब्बत में गिरफ़्तार हो गयी। इस्मत से अगर सफिया उसका ज़िक्र करे तो वह ज़रूर कुछ यूँ कहेगी, "बड़ी आयी हो मेरी मुहब्बत में गिरफ़्तार होने वाली—तुम्हारी उम्र की लड़कियों के बाप तक क़ैद होते रहे हैं मेरी मुहब्बत में।"

एक बुजुर्गवार अहल-ए-क़लम को तो मैं भी जानता हूँ। जो बहुत देर तक इस्मत के प्रेम पुजारी रहे। ख़त-ओ-किताबत के ज़रिये से आपने इश्क़ फरमाना शुरू किया। इस्मत शह देती रही। लेकिन आख़िर में ऐसा अड़ंगा दिया कि सुरय्या ही दिखा दी ग़रीब को। यह सच्ची कहानी मेरा ख़याल है वह कभी क़लम बन्द नहीं करेंगे।

बाहम मुतसादिम हो जाने के ख़ौफ़ से मेरे और इस्मत के दरमियान बहुत ही कम बातें होती थीं। मेरा अफ़साना कभी शाया हो तो पढ़कर दाद दे दिया करती थी। "नीलम" की अशाअत पर उसने ग़ैर-मामूली जोश-ओ-ख़रोश से अपनी पसन्दीदगी का इज़हार किया। "वाक़ई यह बहन बनाना क्या है—आपने बिलकुल ठीक कहा है किसी औरत को बहन कहना उसकी तौहीन है।" और मैं सोचता रह गया—वह मुझे मंटो भाई कहती है और मैं उसे इस्मत बहन कहता हूँ—दोनों को ख़ुदा समझे।

हमारी पाँच-छह बरस की दोस्ती के ज़माने का ऐसा कोई वाक़या नहीं, जो क़ाबिल-ए-ज़िक्र हो। फ़हाशी के इल्ज़ाम में एक बार हम दोनों गिरफ़्तार हुए। मुझे तो पहले दो दफ़ा तजुर्बा हो चुका था, लेकिन इस्मत का पहला मौक़ा था। इसलिए बहुत भन्नाई। इत्तफ़ाक़ से गिरफ़्तारी ग़ैरकानूनी निकली। क्योंकि पंजाब पुलिस ने हमें बग़ैर वारंट पकड़ लिया था। इस्मत बहुत ख़ुश हुई, लेकिन बकरे की माँ कब तक ख़ैर मनाती। आख़िर उसे लाहौर की अदालत में हाज़िर होना ही पड़ा।

बम्बई से लाहौर तक काफ़ी लम्बा सफ़र है, लेकिन 'शाहिद' और मेरी बीवी साथ थे। सारा वक़्त ख़ूब हंगामा रहा। सफिया और शाहिद एक तरफ़ हो गये और चिढ़ाने की ख़ातिर हम दोनों की फ़हश-निगारी पर हमले करते रहे। क़ैद की सऊबतों का नक़्शा ख़ींचा। जेल की ज़िन्दगी की झलकियाँ दिखायीं। इस्मत ने आख़िर में झल्ला कर कहा, "सूली पर भी चढ़ा दें लेकिन यहाँ हलक़ से अनहलक़ ही निकलेगा।"

उस मुक़दमे के सिलसिले में हम दो दफ़ा लाहौर गये। दोनों मर्तबा कॉलेजों के तमाशाई तालिब इल्म मुझे और इस्मत को देखने के लिए टोलियाँ बाँध-बाँध कर अदालत में आते रहे। इस्मत ने मुझसे कहा, “मंटो भाई चौधरी ‘नज़ीर’ से कहिए कि वह टिकट लगा दे कि यहाँ आने-जाने का किराया ही निकल आयेगा।”

हम दो दफ़ा लाहौर गये और दो ही दफ़ा हम दोनों ने कर्नाल शाप से मुख़्तलिफ़ डिज़ाइनों के दस-दस, बारह-बारह जोड़े सैंडिलों और जूतियों के ख़रीदे। बम्बई में किसी ने इस्मत से पूछा, “लाहौर आप क्या मुक़दमे के सिलसिले में गये थे?”

इस्मत ने जवाब दिया, “जी नहीं, जूते ख़रीदने गये थे।”

ग़ालिबन साढ़े तीन बरस पहले की बात है होली का त्योहार था। मलाड में शाहिद और मैं बालकनी में बैठे पी रहे थे। इस्मत मेरी बीवी को उकसा रही थी। “सफ़िया ये लोग इतना रुपया उड़ाएँ, हम क्यों न इस देश में शरीक हों”—दोनों एक घंटे तक दिल कड़ा करती रहीं। इतने में एकदम हुल्लड़-सा मचा और फ़िल्मिस्तान से प्रोड्यूसर मुखर्जी, उसकी भारी भरकम बीवी और दूसरे लोग हम पर हमलाआवर हो गये। चन्द मिनटों ही में हम का हुलिया नाक़ाबिल-ए-शनाख़्त था। इस्मत की तवज्जा व्हिस्की से हटी और रंग पर मरकूज़ हो गयी, “आओ सफ़िया हम भी उनके रंग लगायें।”

हम सब बाज़ार में निकल आये। चुनांचे घोड़-बन्दर रोड पर बाक़ायदा होली शुरू हो गयी। नीले-पीले, सब्ज़ और काले रंगों का छिड़काव-सा शुरू हो गया। इस्मत पेश-पेश थीं। एक मोटी बंगालन के चेहरे पर तो उसने तारकोल का लेप कर दिया। उस वक़्त मुझे उसके भाई अज़ीम बेग चुग़ताई का ख़याल आया। एकदम इस्मत ने जर्नेलों के से अन्दाज़ में कहा, “आओ परी चेहरा के घर पर धावा बोलें।”

उन दिनों नसीम बानों हमारी फिल्म “चल-चल रे नौजवान” में काम कर रही थी। उसका बंगला पास ही घोड़बन्दर रोड पर था। इस्मत की तजवीज़ सबको पसन्द आयी। चुनांचे चन्द मिनटों में हम सब बंगले के अन्दर थे। नसीम हस्ब-ए-आदत पूरे मेकअप में थी और निहायत नफ़ीस जारजट की साड़ी में मलबूस थी। वह और उसका ख़ाविन्द एहसान हमारा शोर सुन कर बाहर निकले। इस्मत ने जो रंगों में लुथड़ी हुई भूतनी सी लगती थी, मेरी बीवी से जिस पर मज़ीद रंग लगाने से मेरा ख़याल है कोई फ़र्क़ न पड़ता नसीम की तारीफ़ करते हुए कहा, “सफ़िया नसीम वाक़ई हसीन औरत है।”

मैंने नसीम की तरफ़ देखा और देखा, “हुस्न है लेकिन बहुत ठण्डा।”

ऐनक के रंग आलूंद शीशों के पीछे इस्मत की छोटी-छोटी आँखें घूमीं और उसने आहिस्ता से कहाँ “सफ़राबी तबीयतों के लिए ठण्डी चीज़ें मुफ़ीद होती हैं।”

यह कहकर वह आगे बढ़ी और एक सेकंड के बाद परी चेहरा नसीम सर्कस का मसख़रा बनी थी।

इस्मत और मैं बाज़ अवक़ात अजीब-अजीब बातें सोचा करते हैं। "मंटो भाई जी चाहता है, अब मुर्ग़ और मुर्गियों के रोमांस के मुताल्लिक़ कुछ लिखूँ या तो फ़ौज में भरती हो जाऊँगी और हवाई जहाज़ उड़ाना सीखूँगी।"

चन्द महीनों की बात है। मैं और इस्मत बम्बई टॉकीज़ से वापस इलेक्ट्रिक ट्रेन में घर जा रहे थे। मैंने बातों-बातों में उससे कहा, "कृष्णचन्द्र के अफ़सानों में दो चीज़ें मैंने आम देखी हैं—ज़ना बिलजब्र और क़ौस-ए-क़ज़ह जिसे वह क़ौस-ओ-क़ज़ह लिखता है।" इस्मत ने दिलचस्पी लेते हुए कहा, "यह तो है।"

"सोचता हूँ एक मज़मून लिखूँ। जिसका उन्वान कृष्ण चन्द्र क़ौस-ए-क़ज़ह और ज़ना बिलजब्र" हो। मैं साथ ही साथ सोच रहा था। लेकिन जना बिलजब्र से कौस-ए-कजह का नफसियाती रिश्ता क्या हो सकता है?

इस्मत ने कुछ देर ग़ौर करने के बाद कहा, "जमालयाती नुक़्ता-ए-नज़र से क़ौस-ए-क़ज़ह के रंगों में इन्तिहाई जाज़बियत और कशिश—लेकिन आप तो किसी और ज़ाविये से सोच रहे थे।"

"जी हाँ—सुर्ख़ रंग आग और ख़ून का रंग है। सनमयात में इस रंग को मिर्रीख़ यानी जल्लाद-ए-फ़लक से मंसूब किया जाता है—हो सकता है कि ज़ना बिलजब्र से क़ौस-ए-क़ज़ह के सिर्फ़ इसी रंग का दामन बँधा हो।"

"हो सकता है—आप यह मज़मून ज़रूर लिखिए।"

"लेकिन ईसाइयों के फ़न-ए-मुसव्विरी में सुर्ख़ रंग इश्क़-ए-इलाही का मज़हर है। ...नहीं नहीं।" मेरे दिमाग़ में दफ़अतन एक हुलिया फूटा। "सलीब पर चढ़ने के शदीद जज़्बे को भी इसी रंग से मानून किया गया है और कुँवारी मरयम का लिबास सुर्ख़ होता है—यह इस्मत की निशानी है..."

यह कहते-कहते मैंने अचानक 'इस्मत' के सफ़ेद लिबास की तरफ़ देखा। वह मुस्करा दी। "मंटो भाई आप यह मज़मून ज़रूर लिखिए, मज़ा आ जायेगा—लेकिन उन्वान में से बिलजब्र उड़ा दीजिए।"

"कृष्ण को एतराज़ होगा क्योंकि वह जब्रया फ़े'ल समझकर ही तो रोता है।"

"बेकार रोता है। क्या मालूम कि यह ज़ुल्म ही उसकी मज़लूम हीरोइनों को अच्छा लगा हो।"

"अल्लाह बेहतर जानता है।"

इस्मत की अफ़साना-निगारी पर काफ़ी मज़मून लिखे गये हैं। हक़ में कम, ख़िलाफ़ ज़्यादा। कुछ तो बिलकुल मजजूबकी बड़ हैं। चन्द ऐसे हैं जिनमें ज़मीन-आसमान के कुलाबे मिलाये गये हैं।

पितरस साहब ने भी जिनको लाहौर के अदबी ठेकेदारों ने डिबिया में बन्द कर रखा था अपना हाथ बाहर निकाला और क़लम पकड़ कर 'इस्मत' पर एक मज़मून लिख दिया। आदमी ज़हीन हैं। तबीयत में शोख़ी और मज़ाह है। इसलिए मज़मून

काफ़ी दिलचस्प और सुलझा हुआ है। आप औरत के लेबिल का ज़िक्र करते हुए लिखते हैं:-

एक मुक़तदिर-ओ-पुख़्ता कार दीबाचा—नवीस (आपकी मुराद सलाह उद्दीन साहब से है) ने भी मालूम होता है इंशा परदाज़ों के रेवड़ में नर और मादा अलग-अलग कर रखे हैं। इस्मत के मुताल्लिक़ फ़रमाते हैं कि जिन्स के एतबार से उर्दू में कम-ओ-बेश उन्हें भी वही रुतबा हासिल है जो एक ज़माने में अंग्रेज़ी अदब में जार्ज इलियट को नसीब हुआ, गोया अदब कोई टेनिस टूर्नमिंट है जिसमें औरतों और मर्दों के मैच अलाहिदा होते हैं।

जार्ज इलियट का रुतबा मुसलिम। लेकिन यूँ उसका नाम ले देने से तुक ही मिला और बूझूँ तो कोई क्या मरेगा। अब यह अम्र एक अलाहिदा बहस का मोहताज है कि क्या कोई माबल इम्तियाज ऐसा है जो खारजी और हंगामी और इत्तफ़ाक़ी नहीं बल्कि दाख़ली और जिबिल्ली और बुनियादी जो इंशापरदाज़ औरतों के अदब को इंशा परदाज़ मर्दों के अदब से ममीज़ करता है और अगर है तो वह क्या है? इन सवालों का जवाब कुछ हो बहरहाल उस नौम का हर्गिज़ नहीं कि इसकी बुनियाद पर मुसन्निफ़ैन को "जिन्स के एतबार से अलग-अलग दो कतारों में खड़ा कर दिया जाय।"

इन सवालों का जवाब बहुत मुमकिन है ऐसा न हो जिसकी बुनियाद पर मुसन्निफैन जिन्स के एतबार से दो क़तारों में खड़ा कर दिया जाय। लेकिन जवाब देते वक़्त लोग यह ज़रूर सोचेंगे कि सवाल करने वाला कौन हैं—मर्द या औरत? —क्योंकि सिन्फ़ मालूम होने पर सवाल करने वाले का ज़िबिल्ली और बुनियादी जाविया-ए-निगाह बहुत हद तक वाज़ह हो जायेगा।

पितरस साहब का यह कहना कि "गोया अदब भी कोई टेनिस टूर्नमिंट है जिसमें औरतों और मर्दों के मैच अलाहिदा होते हैं।" ढेर पितरसी फिक़रे बाज़ी है। टेनिस टूर्नमिंट अदब नहीं। लेकिन औरतों और मर्दों के मैच अलाहिदा होना बे अदबी भी नहीं।

पितरस साहब क्लास में लेक्चर देते हैं तो तलबा और तालबात से उनका ख़िताब जुदागाना नहीं होता। लेकिन जब उन्हें किसी शागिर्द लड़के या शागिर्द लड़की के दिमाग़ी नशोनुमा पर ग़ौर करना पड़ेगा तो माहिर-ए-तालीम होने की हैसियत में वह उनकी जिन्स से ग़ाफ़िल नहीं हो जायेंगे।

औरत अगर जार्ज इलियट या इस्मत चुग़ताई बन जाय तो इसका यह मतलब नहीं कि उसके अदब पर उसके औरत होने के असर की तरफ़ ग़ौर न किया जाय। हिजड़े के अदब के मुताल्लिक़ भी क्या पितरस साहब यही इसतफ़सार फ़रमाएँगे कि क्या कोई माबल इम्तियाज़ ऐसा है। दाख़िली और जिबिल्ली और बुनियादी जो इंशा परदाज़ हिजड़ों के अदब को इंशा परदाज़ मर्दों और औरतों के अदब से अमीज़ करता है।

मैं औरत पर औरत और मर्द पर मर्द का लेबिल लगाना भौण्डेपन की दलील समझता हूँ। मस्जिदों और मन्दिरों पर यह बोर्ड लगाना कि यह इबादत और बन्दगी की जगहें हैं बहुत ही मज़हका ख़ेज़ है। लेकिन जब किसी मस्जिद और मन्दिर के मुक़ाबले में किसी आम रिहाइश गाह को रखकर हम फ़न-ए-तामीर का जायज़ा लेंगे तो उसपर मन्दिर और मस्जिद की तक़दीस का असर अपने ज़ेहन से महव नहीं कर देंगे।

'इस्मत' के औरत होने का असर उसके अदब के हर-हर नुक़्ते में मौजूद है जो उसको समझने में हर-हर क़दम पर हमारी रहबरी करता है। उसके अदब की ख़ूबियों और कमियों से जिनको पितरस साहब ने अपने मजमून में ग़ैर जानिबदारी से बयान किया है। हम मुसन्निफ़ की जिन्स अलाहिदा नहीं कर सकते और न ऐसा करने के लिए कोई तनक़ीदी अदबी या कीमयायी तरीक़ा ही मौजूद है।

अज़ीज़ अहमद साहब "नया दौर" में इस्मत की "टेढ़ी लकीर" पर तनक़ीद करते हुए लिखते हैं :

> "जिस्म के एहतसाब का इस्मत के पास एक ही जरिया है और वह है मसास। चुनांचे रशीद से ले कर टेलर तक बीसों मर्द जो उस नाविल में आते हैं, सब का अन्दाज़ा जिस्मी या ज़हनी मसास से किया गया है। ज़्यादातर मसास की कैफ़ियत इन्फ़आली ही होती है। मसास ही 'इस्मत' के यहाँ एहतसाब-ए-मर्द, एहतसाब-ए-इन्सान, एहतसाब-ए-ज़िन्दगी, एहतसाब-ए-कायनात का वाहिद ज़रिया है। रज़ायों के बादलों में अब्बास के हाथ बिजलियों की तरह कौंदते हैं और लड़कियों के गिरोह में नन्हीं-नन्हीं लरज़िशें मचल-मचल कर बिखर जाती हैं। रसूल-ए-फातामा के चूहे जैसे हाथ मसास को तारीक रूख़ हैं। नीम-तारीक रूख मैट्रन का वह मुनाफ़रा या मा'शका है, जिसमें मैट्रन को ताज्जुब था कि ज़ेहन में लड़कियाँ उन गुण्डों की आँखें अपनी रानों पर रेंगती हुई महसूस नहीं करतीं। मसास के सिलसिले में शम्मन का निस्वानी अहसास (पितरस साहब मुतवज्जा हों) रान की उँगलियों की सरसराहट महसूस करता है अलख़"।

अज़ीज अहमद साहब का यह नज़रिया ग़लत है कि इस्मत के यहाँ एहतसाब का ज़रिया एक फ़क़त मसास ही है। अव्वल तो मसास कहना ही ग़लत है इसलिए कि यह एक ऐसा अमल या फ़े'ल है जो कुछ देर जारी रहता है। इस्मत तो ग़ायत दर्जा ज़किलहिस है। हल्का-सा लम्स ही उसके लिए काफ़ी है। इस्मत के यहाँ आपको, दूसरी जिस्मानी हिस्सें भी महव-ए-अमल नज़र आती हैं। मिसाल के तौर पर सूँघने और सुनने की हिस। सौत का तो जहाँ चक मैं समझता हूँ इस्मत के अदब से बहुत ही गहरा ताल्लुक़ है।

"घर-घर। फ़ट शूं। फ़िश।" बाहर बरामदे में मोटर भन्ना रही थी।

"रेडियो को मरोड़ते रहे। खड़-खड़, शटर-शटर, घर-घर।" मेरे आँसू निकल आये।

"टन्न-टन्न। साइकिल की घण्टी बजी। मैं समझ गयी, एडना आ गयी" (पंक्चर)

"और जो ज़रा ऊँघने की कोशिश की तो धमाधम थट्टों की आवाज़ छत पर आयी।"

"और घम-घम, छन-छन करती बहू सीढ़ियों पर से उतरी।"

"गुन-गुन, गुन-गुन।" बहू भिनभिनाई।

"मक्खी तनन-तनन करके वह गयी।" (सास)

"बच्चा कूँ-कूँ करके चपड़-चपड़ मुँह मारने लगता।" (सफ़र में)

"बिल्ली की तरह सपड़-सपड़ रकाबी चाटने जैसी आवाज़ें आने लगीं।" (लिहाफ़)

"टिक-टिक, टिक-टिक। घड़ी की तरह उसका दिल हिलने लगा।"

"मोटे-मोटे क़हक़हे लगाते हुए मच्छर।" (तिल)

"एक पुर असरार क़ब्रस्तानी सिसकी हवा में लरज़ती है।" (झिरी में से)

"घुँघरूओं की झंकार और तालियों की आवाज़ें एकबारगी मेरे जिस्म में रेंग कर हज़ारों नब्ज़ों की तरह फड़फड़ाने लगीं।" (पेशा)

इसी तरह सूँघने की हिस भी जगह-जगह मसरूफ़-ए-अमल है।

"और बू तो देखो, हुक्के की सड़ाँध है। तौबा, थू।"

"क़वाम की बू ऐसी बस गयी थी कि उसे नींद न आयी।" (डाइन)

"सरसों का तेल आठवें दिन ही खट्टी-खट्टी बू देने लगता।" (नीरा)

"और जिस्म से अजीब घबराने वाली बू के शरारे निकलते थे।"

"गर्म-गर्म ख़ुशबुओं के इत्र ने और भी उन्हें अंगारा बना दिया।"

"मैंने नथुने फुला कर "सूँ-सूँ" हवा को सूँघा, सिवाय इत्र, संदल और हिना की गर्म-गर्म ख़ुशबू के और कुछ महसूस न हुआ।" (लिहाफ़)

"सर्द आहों और भीनी ख़ुशबू तक को रंग में समो कर दिखा दिया था।" (तिल)

"पसीने से गल चुके थे और उनमें मरघट जैसी चिरांद आने लगी थी।" (जाल)

"मर्दाना क़मीज़, सिगरेट की बू में ग़र्क़ मलगजी सी।" (हीरो)

"नीचे क्यारियों में से धनिये की नन्ही-नन्ही पत्तियाँ तोड़कर सूँघने लगी।" (मेरा बच्चा)

इस्मत की सब हिसें वक़्त पड़ने-पड़ने पर अपनी-अपनी जगह काम करती हैं और ठीक तौर से करती हैं। अज़ीज़ अहमद साहब का यह कहना कि जिन्स एक मर्ज़ की तरह इस्मत के आसाब पर छाई हुई है। मुमकिन है उनकी तशख़ीस के मुताबिक़ दुरुस्त हो। मगर वह उस मर्ज़ के लिए नुस्खें तजवीज़ न फ़रमाएँ। यूँ तो लिखना भी एक मर्ज़ है। कामिल तौर पर सेहतमन्द आदमी जिसका दर्जा-ए-हरारत हमेशा साढ़े अठान्बे ही रहे, सारी उम्र अपनी ज़िन्दगी की ठण्डी सिलेट हाथ में लिये बैठा रहेगा।

अज़ीज़ अहमद साहब लिखते हैं :

"इस्मत की हीरोइन की सबसे बड़ी ट्रेजिडी यह है कि दिल से न उसे किसी मर्द ने चाहा न उसने किसी मर्द को। इश्क़ एक ऐसी चीज़ है जिसका जिस्म से वही ताल्लुक है जो बिजली का तार से है। लेकिन खटका दबा दो तो यही इश्क़ हज़ारों क़न्दीलों के बराबर रौशनी करता है। दोपहर की झुलसी लू में पंखा झलता है। हज़ारों देवों की ताक़त से ज़िन्दगी की अज़ीमुश्शान मशीनों के पहिए घुमाता है और कभी-कभी जुल्फ़ों को सँवारता और कपड़ों पर इस्त्री करता है। ऐसे इश्क़ से इस्मत चुग़ताई बहैसियत-ए-मुसन्निफ़ा वाक़िफ़ नहीं।"

ज़ाहिर है कि अज़ीज़ अहमद साहब को इसका अफ़सोस है—मगर यह इश्क़ जिससे अज़ीज़ अहमद साहब वाक़िफ़ मालूम होते हैं, ऐसा लगता है कि उन्होंने पंज साला स्कीमों के मातहत तैयार किया है और अब वह उसे हर इंसान पर आयद कर देना चाहते हैं। अज़ीज़ अहमद साहब को ख़ुश करने के लिए मैं फ़र्ज़ कर लेता हूँ कि इस्मत की हीरोइन उस इश्क़ के ए.सी. और डी.सी. दोनों करंटों से वाक़िफ़ थीं, लेकिन फिर यह ट्रेजिडी कैसे वक़ू पिज़ीर होती कि दिल से न उसे किसी मर्द न चाहा और न उसने किसी मर्द को।

इस्मत वाक़ई अज़ीज़ अहमद साहब के तसनीफ़े क़र्दा इश्क़ से ना आशना है और उसकी यह ना आशनाई ही उसके अदब का बायस है। अगर आज उसकी ज़िन्दगी के तारों के साथ उस इश्क़ की बिजली जोड़ दी जाय और खटका दबा दिया जाय तो बहुत मुमकिन है एक और अज़ीज़ अहमद पैदा हो जाय। लेकिन "तिल," "गेंदा," "भुल भुलैया" और "जाल" तसनीफ़ करने वाली इस्मत यक़ीनन मर जायेगी।

इस्मत के ड्रामे कमज़ोर हैं। जगह-जगह उनमें झोल है। इस्मत प्लाट को मनाज़िर में तक़सीम करती है तो नाप कर क़ैंची से नहीं कतरती। यूँ, ही दाँतों से चीर-फाड़कर चीथड़े बना डालती है। पार्टियों की दुनिया इस्मत की दुनिया नहीं। उसमें वह बिलकुल अजनबी रहती है। जिन्स इस्मत के आसाब पर एक मर्ज़ की तरह सवार है। इस्मत का बचपन बड़ा ग़ैर सेहत बख़्श रहा है। पर्दे के उस पार की तफसीलात बयान करने में इस्मत को यह-ए-तूला हासिल है। इस्मत को समाज से नहीं शख़्सियतों से शग़फ़ है। शख़्सियतों से नहीं अशख़ास से है। इस्मत के पास जिस्म के एहतसाब का एक ही ज़रिया है और वह है मसास—इस्मत के अफ़सानों की कोई सिम्त ही नहीं—इस्मत की ग़ैर मामूली कुव्वत-ए-मुशाहदा हैरत में ग़र्क़ कर देती है—इस्मत फुहश-निगार है...हल्का-हल्का तंज़-ओ-मज़ाह इस्मत के स्टाइल की मुमताज़ खूबियाँ हैं—इस्मत तलवार की धार पर चलती है।

'इस्मत' पर बहुत कुछ कहा गया है और कहा जाता रहेगा। कोई उसे पसन्द करेगा, कोई नापसन्द। लेकिन लोगों की पसन्दीदगी और नापसन्दीदगी से ज़्यादा अहम चीज़ इस्मत की तख़लीक़ी कुव्वत है। बुरी, भली, उरियाँ, मस्तर जैसी भी है

क़ायम रहनी चाहिए। अदब का कोई जग़राफ़िया नहीं। उसे नक़्शों और ख़ाकों की क़ैद से जहाँ तक मुमकिन हो बचाना चाहिए।

अर्सा हुआ देहली के एक ज़ात-ए-शरीफ 'वैश' ने अजीब-ओ-ग़रीब हरकत की। आपने "औरों की कहानी सुन मेरी ज़बानी" उसके पढ़ने से बहुतों का भला होगा। जैसे उन्वान से शाया की। उसमें मीरा, इस्मत, मुफ़्ती, प्रेमचन्द, ख़्वाजा मुहम्मद शफ़ी और अज़ीम बेग चुग़ताई का एक-एक अफ़साना शामिल था। दीबाचे में तरक़्क़ी पसन्द अदब पर एक तंकीदी चोट मारूँ घुटना फूटे आँख के बमिस्दाक़ फ़रमाई गयी थी। और उस कारनामे को अपने दो नन्हे-नन्हे बच्चों के नाम से मानून किया गया था। उसकी एक कापी आपने इस्मत को और मुझे रवाना की। इस्मत को वैश की यह नाशाइस्ता और भौंडी हरकत सख़्त नापसन्द आयी। चुनांचे बहुत ही भन्ना कर मुझे एक ख़त लिखा :"

> "मंटो भाई आपने वह किताब जो वैश ने छापी है, देखी? ज़रा उसे फटकारिए और एक नोटिस दीजिए। निजी तौर पर के हर मज़मून का जुर्माना दो सौ रुपये दो वरना दावा ठोंक देंगे। कुछ होना चाहिए। आप बताइए क्या किया जाये। यह ख़ूब है कि जिसका दिल चाहता है उठा कर हमें कीचड़ में लथेड़ देता है और हम कुछ नहीं कहते। ज़रा मज़ा रहेगा। उस शख़्स को ख़ूब रगड़िए। डाँटिए कि उल्टा अलमबर्दार क्यों बन रहा है उरियाँ अदब का। उसने हमारे अफ़साने सिर्फ़ किताब फ़रोख्त करने के लिए छापे हैं। हमारी हतक है कि हर ऐसे-गैर नत्थू ख़ैरे कम अक़्लों की डाँटें सुननी पड़ीं। जो कुछ मैंने लिखा है उसको सामने रखकर एक मज़मून लिखिए। आप कहेंगे मैं क्यों नहीं लिखती तो जवाब है कि आप पहले हैं।"

जब 'इस्मत' से मुलाक़ात हुई तो उस ख़त का जवाब देते हुए मैंने कहा, "सबसे पहले लाहौर के चौधरी मुहम्मद हुसैन साहब हैं। उनसे हम दरख़्वास्त करें तो वह ज़रूर मिस्टर वैश पर मुक़दमा चलवा देंगे।"

इस्मत मुस्कराई, "तजवीज़ तो ठीक है, लेकिन मुसीबत यह है कि हम भी साथ धर लिए जायेंगे।"

मैंने कहा, "क्या हुआ—अदालत खुश्क जगह सही लेकिन कर्नाल शाप तो काफ़ी दिलचस्प जगह है—मिस्टर वैश को वहाँ ले जायेंगे।" और...इस्मत के गालों के गड्ढे गहरे हो गये।

गंजे फ़रिश्ते

'ठण्डा गोश्त' का मुक़दमा क़रीब क़रीब एक साल चला। मातहत अदालत ने मुझे तीन माह क़ैद ब-मशक़्क़त और तीन सौ रुपये जुर्माने की सज़ा दी। सेशन में अपील की तो बरी हो गया। (इस हुक्म के ख़िलाफ़ सरकार ने हाईकोर्ट में अपील दायर कर रखी है। मुक़दमे की समाअत अभी तक नहीं हुई)

उस दौरान में मुझ पर जो गुज़री उसका कुछ हाल आपको मेरी किताब "ठण्डा गोश्त" के दीबाचे ब-उन्वान "ज़हमत-ए-मेहर-ए-दरख़्शा" में मिल सकता है। दिमाग़ की कुछ अजीब ही कैफ़ियत थी। समझ में नहीं आता था कि क्या करूँ। लिखना छोड़ दूँ या एहतसाब के क़तअन बेपरवाह हो कर क़लम ज़नी करता रहूँ। सच पूछिए तो तबियत इस क़दर खट्टी हो गयी थी कि जी चाहता था कोई चीज़ एलाट हो जाय तो आराम से किसी कोने में बैठ कर चन्द बरस कलम और दवात से दूर रहूँ। दिमाग़ में ख़यालात पैदा हो तो उन्हें फाँसी के तख़्ते पर लटका दूँ। एलाट्मेंट मुयस्सर न हो तो ब्लैक-मार्केटिंग शुरू कर दूँ या नाजायज़ तौर पर शराब कशीद करने लगूँ। रुआख़िरज़िल्ककाम मैंने इसलिए न किया कि मुझे इस बात का ख़दशा था कि सारी शराब मैं ख़ुद पी जाया करूँगा। ख़र्च-ही-ख़र्च होगा। आमदन एक पैसे की भी न होगी। ब्लैक मार्केटिंग इसलिए न कर सका कि सरमाया पास न था। एक सिर्फ़ एलाट-मेंट ही थी जो कार आमद साबित हो सकती थी। आपको हैरत होगी, मगर यह वाक़अ है कि मैंने उसके लिए कोशिश की। पचास रुपये हुकूमत के ख़जाने में जमा करा के मैंने दरख़्वास्त दी कि मैं अमृतसर का महाजिर हूँ। बेकार हूँ इसलिए मुझे किसी प्रेस या सिनेमा में कोई हिस्सा एलाट फरमाया जाय।

दरख़्वास्त के छपे हुए फार्म थे। एक अजीब-ओ-ग़रीब क़िस्म का सवालिया था। हर सवाल इस क़िस्म का था जो इस उम्र का तालिब था कि दरख़्वास्त कुन्दह पेट भर के झूठ बोले। अब यह ऐब मुझमें शुरू से रहा है कि झूठ बोलने का सलीक़ा नहीं है। मैंने एलाटमेंट कराने वाले बड़े-बड़े गाहकों से मशविरा किया तो उन्होंने कहा कि तुम्हें झूठ बोलना ही पड़ेगा। मैं राज़ी हो गया। लेकिन जब छपे हुए फार्म की ख़ाली जगहें भरने लगा तो रुपये में सिर्फ़ दो-या तीन आने झूठ बोल सका और जब इंटरव्यू हुआ तो मैंने साफ़-साफ़ कह दिया कि साहब जो कुछ दरख़्वास्त में है

बिलकुल झूठ है। सच्ची बात यह है कि मैं हिन्दोस्तान में कोई बहुत बड़ी जायदाद छोड़ के नहीं आया। सिर्फ़ एक मकान था और बस। आप से मैं ख़ैरात के तौर पर कुछ नहीं माँगता। मैं बज़ोम-ए-ख़ुद बहुत बड़ा अफ़साना-निगार था। लेकिन अब मुझे महसूस हुआ कि यह काम मेरे बस का रोग नहीं। अल्लाह मियाँ मियाँ एम असलम और भारती दूत को सलामत रखे। मैं उनके हक में अपनी अफ़साना-निगारी से सुबुक सर होता हूँ और सिर्फ़ इतना चाहता हूँ कि हुकूमत मुझे कोई ऐसी चीज़ एलाट कर दे जिसके लिए मुझे काम करना पड़े और उस काम की उजरत के तौर पर मुझे पाँच-छह सौ रुपया माहवार मिल जाया करें।

हैरत है कि मेरी इस गुफ़्तगू का असर हुआ। क़रीब था कि मुझे किसी बर्फ़ख़ाने में कोई हिस्सा एलाट हो जाय कि बोर्ड के मेम्बरों से किसी ने कह दिया कि तुम लोग यह क्या ग़ज़ब कर रहे हो। यह शख़्स जिसका नाम सआदत हसन मंटो हो, तरक़्क़ी पसन्द है। चुनांचे यह क़लम मेरी दरख़्वास्त मुसतर'द कर दी गयी।

इधर यह हुआ, उधर तरक़्क़ी पसन्द मुसन्निफ़ैन ने रजअत पसन्द क़रार देकर मेरा हुक्का पानी बन्द कर दिया—यह भी ख़ूब लतीफ़ा रहा। बहुत देर तक सोचा किया, आख़िर इस नतीजे पर पहुँचा कि "भूले ने चैक कों बहनां।" चुनांचे क़लम उठाकर फिर लिखना शुरू कर दिया। लेकिन लिखने से पहले मरहला दरपेश रहा कि मौजू क्या हो। फ़ार्म कैसी हो।

बहुत सोच-विचार के बाद मैंने यह फ़ैसला किया कि अपनी जान-पहचान के ऐक्टर-ऐक्टर्सों पर कुछ लिखूँ। इस सिलसिले का पहला मज़मून चुनांचे "परी चेहरा नसीम बानो" के उन्वान से हुआ जो राज़नामा-ए-अफ़ाक़ में छपा। मैं ख़ुश था कि एक रास्ता निकल आया है जो हुकूमत के एहतसाब से पाक-साफ़ रहेगा और तहारत पसन्द लोगों के लिए मोजिब इत्मीनान होगा। लेकिन यह मज़मून छपते ही तूफ़ान बरपा हो गया। 'आफ़ाक़' के दफ़्तर में बेशुमार ख़तूत आये जिनमें मुझे मलऊन-ओ-मतऊन गर्दाना गया।

तीन जुलाई के 'आफ़ाक़' में एक साहब काज़ी मीम बशीर महमूद साहब अदाब फ़ाज़िल का एक ख़त एडीटर के नाम छपा—उसका मलख़्खस मुलाहज़ा फ़रमाइए :

सआदत हसन मंटो का मज़मून—बेज़रर सा मज़मून "परी चेहरा नसीम बानो" नज़र से गुज़रा। साथ ही नसीम बानो की मकख़ूब अपने भाई के नाम भी पढ़ा।

मंटो ने बड़े इत्मिनान और लुत्फ़ ले-ले कर बहन के बतमामहा वस्फ़ मनाक़िब लग़ज़िशे और हिकायतें तौज़ीह और वज़ाहत के साथ रक़्म की हैं। मालूम होता है कि वह बहन की क़द्र-ओ-मंज़िलत, साख और वक़अत और वक़ार को कुछ हद तक नज़र अन्दाज़ कर चुके हैं। किसी हद तक यह बहन की तौहीन-ओ-तज़लील में शुमार होगा।

ऐसा लिखते हुए उन्हें हिजाब और ताम्मुल को ख़ुदा हाफ़िज़ कहना पड़ा होगा। मुझे उनके अलफ़ाज़ पर एतराज़ नहीं। हरूफ़-ओ-सकनात पर गिरफ़्त नहीं और न ही मज़मून पर हर्फ़ गीरी कर रहा हूँ।

मैं आपसे पूछता हूँ क्या नसीम बानो मंटो साहब की हक़ीक़ी बहन है? क्या मंटो उसके मा'शक़े पर रौशनी डालने की कुव्वत और जसारत रखता है?

मंटो बड़ा शरीर है। मेरे दिल में उसकी बेइन्तिहा इज़्ज़त है। मैं उसके काफ़ी कारनामे देख चुका हूँ। अब एक और "बेज़रर क़िस्म का" कारनामा भी लगे हाथों देख लिया। मैं मंटो दोस्त की "परी चेहरा नसीम बानो" पर सायेज़नी या नुक़्ताचीनी नहीं कर रहा और न ही करना चाहता हूँ—और फिर अपने मंटो पर नुक़्ताचीनी कर भी कैसे सकता हूँ। उसकी बुलन्द आशियानी तक अभी मेरी पहुँच नहीं।"

यह ख़त पढ़कर मुझे बहुत कोफ़्त हुई। उसे दूर करने के लिए मैंने ये चन्द हरूफ़ लिख कर मुहम्मद सुरूर साहब को भेज दिये।

इस ख़त पर और ऐसे ही दूसरे ख़तूत पर जो इस मज़मून के मुताल्लिक़ 'आफ़ाक़' और दूसरे अख़बारों में छपते रहे, मैं कोई तबसरा नहीं करना चाहता।

सुरूर साहब ने शुरू-शुरू में इन ख़तूत की कोई परवाह न की और मुझसे कहा—"तुम लिखते रहो, यह सिलसिला काफ़ी दिलचस्प है, जारी रहना चाहिए"—मैंने जारी रखा। लानत मलामत भी जारी रही। श्याम पर मज़मून छपा तो सियालकोट की एक ख़ातून नय्यर बानो साहबा ने एक तवील ख़त लिखा। जिसे पढ़कर यक़ीन मानिए मुझे बहुत तरस आया। उसके चन्द इक़्तबास देखिए :

मैं सिनेमा देखना गुनाह-ए-कबीरा में शुमार नहीं करती। तस्वीरों पर नज़र पड़ते ही आँखों पर पट्टी बाँधने नहीं दौड़ी जाती। मगर मेरे पास बच्चे हैं और मेरी आरजू है कि वो नेक एख़लाक हों। सिनेमा देख-देख कर एख़लाक बनता नहीं, बिगड़ता है। इसलिए मैंने सिनेमा देखना छोड़ दिया—मैं जाऊँगी तो वो भी जायेंगे। जबरदस्ती रोका तो इस आरजू को दिल में पालते रहेंगे और जब मौक़ा मिलेगा कसर पूरी कर लेंगे।

मैं इतनी बड़ी हूँ मगर बाज़ तस्वीरों पर नज़र डालना तबीयत को गवारा नहीं होता। ऐसा नीचपन महसूस होता है कि क्या बताऊँ। जैसे किसी की खिलवत में बग़ैर इजाज़त घुसे जा रहे हैं और यह बात आदाब-ए-शराफत के खिलाफ़ ही तो है। आप कहेंगे ऐसे रिसाले अख़बार, किताबें, बच्चों को न दिखायी जाय। मगर यह कितना मुश्किल काम है कि पढ़ते-पढ़ते अख़बार या रिसाला मेज़ पर लगा देने की बजाय ख़ास एहतमाम से ताले में बन्द करने की फ़िक्र की जाय।

ज़रा "मुरली की धुन" दोबारा पढ़कर बताइए कि यह क्या चीज़ है? —कोई शख़्स ख़्वाह कितना भी नेकी से दूर और एखलाक बाख़्ता हो क्या अपने घर में बीवी-बच्चों के दरमियान बैठकर यह पुरलुत्फ़ या घिनवाने तज़रूबात दोहराना पसन्द करता है? —उसने चाहे कितने ही ख़म लुढ़काये हों शराब के तालाब में गोते लगाये हों, पीकर मुनजमिद रहता हो या मुग़लज़ात बकता हो, कितनी ही औरतों को दस्तरख़्वाना की चटनी बनाता हो, जब याद किया हो 'साली औरत' कहा और न पाकर बिस्तर को आग लगा दी हो। इन चीज़ों को अखबारों के ज़रिये से फैला करकौन-सी इंसानियत और एख़लाक़ की ख़िदमत होती है—दूसरों के भी घर होते

हैं। उनके भी बीवी-बच्चे होते हैं। लड़के-लड़कियाँ होती हैं। उनका ख़याल भी अपने घर और बच्चों की तरह होना चाहिए। कुल दुनिया मर्दों ही की तो नहीं कि ख़ाक फाँकते फिरें। गन्दगी उछालें। ख़ुद लुथड़े। मासूमों को भी सताएँ। कोई पूछने वाला नहीं—कोई कहाँ भागे घरों में भी चैन नहीं। अख़बार, रिसाले और अदब जो बीज बो रहे हैं, माँ-बाप को चाहिए वो भी उनकी परवरिश और आबयारी शुरू कर दें ताकि बेहतर और मुकम्मल नतीजा सामने आये। बाप बेटे को सिखाए कि इस तरह शराब के तालाब में गोता लगाकर उन सालियों को इस तरह घसीट ले जाना चाहिए और माएँ अपनी बेटियों को नये-नये दाम बिछाने के दाम-ए-हर्बे समझा दें। असतग़फिरूल्लाह, कैसी इंसानियत और कैसा मुआशरा होगा—ज़रा तसव्वुर तो कीजिए। सोच-सोच कर मैं कितना जलती हूँ।

मैंने जब यह ख़त पढ़ा तो बख़ुदा मुझ पर बहुत असर हुआ। मुझे नय्यर बानो की हालत पर बहुत तरस आया। मैंने सोचा कि और कुछ नहीं तो उस ख़ातून पर मैंने वाक़ई बहुत ज़ुल्म किया है जिसका कुफ़्फ़ारह मुझे ज़रूर अदा करना चाहिए। लेकिन फिर मैंने सोचा अगर मैंने अपनी समझ बूझ के मुताबिक़ अदा करने की कोशिश की तो वह औरत जो बाज़ तस्वीरों पर नज़र डाल कर नीचपन महसूस करती है और यह समझती है गोया वह किसी की ख़िलवत में इजाज़त के बग़ैर घुस गयी है। यक़ीनन उसकी ताव न ला करबेहोश हो जायेगी और बहुत मुमकिन है मर भी जाय।

मुझे इसका पूरा-पूरा एहसास है कि नय्यर बानो ज़हनी मरीज़ों की जिस फ़ेहरिस्त में आती हैं उसके तमाम अफ़राद क़ाबिल-ए-रहम हैं—उनका एलाज़ जहाँ तक मैं समझता हूँ इसके सिवा और कोई नहीं कि उनके सामने बोतलों के काग उड़ा-उड़ा कर तालाब भरे जायें मुग़लज़ात बकी जायें। यह काम ख़ुद से न हो सके तो किराये पर आदमी लाये जायें जो वाही तबाही बकें—शमा बीसवीं सदी रोमान और इसी क़िस्म के दूसरे पर्चों के तमाम मजामीन इश्तिहारों समेत पढ़कर बार-बार उन्हें सुनाये जायें। अगर यह नुस्ख़ा कारगर साबित न हो तो सआदत हसन मंटो से कहा जाय कि नय्यर बानो का पुराना सैंडल उठाए और अपने सिर पर मार-मार कर उसे गंजा कर दे।

मैंने बहुत सोचा था कि इन मज़ामीन के मजमूए का नाम मैंने "गंजे फ़रिश्ते" क्यों रखा है—अब यह सतर लिखते-लिखते इसकी वजह-तसमियत मालूम हो गयी है। मुझे यक़ीन है कि मेरा बताया हुआ नुस्ख़ा हर्गिज-हर्गिज मुजर्रिब नहीं है और लोग अपनी कमज़ोरियाँ दूर करने के लिए ज़रूर महल्ला पीर गैलानियाँ के ग़ुलाम मुहम्मद ही की गोलियाँ ख़रीदेंगे और अंजाम कार सियालकोट के किसी चौराहे में खड़े हो कर मुझे नय्यर बानो के पुराने या नये सैंडल से अपना सिर गंजा करना पड़ेगा।

मीराजी वाला मज़मून "तीन गोले" शाया हुआ तो उससे भी लोगों को तकलीफ़ पहुँची। 'आफ़ाक़' के एडीटर को एक साहब ख्वाजा फरखंदह बुनियादी साहब ने यह खत लिखा :

आपने 'आफ़ाक़' के अदबी एडीशन में सआदत हसन मंटो का मज़मून "तीन

गोले" शाया करके मीराजी मरहूम, मंटो साहब और ख़ुद "आफ़ाक़" के साथ बड़ा ज़ुल्म किया है। यह मज़मून एक मख़सूस अदबी हलके के लिए तो शायद मौज़ू था, लेकिन एक संजीदा अख़बार उसकी अशाअत का क़तअन मुतहम्मल नहीं हो सकता था।

दुनिया के हर मुहज़्ज़ब मुल्क और हर मुहज़्जब समाज में यह उसूल मुख्वज़ है कि मरने के बाद ख़्वाह दुश्मन ही क्यों न हो उसे अच्छे अल्फ़ाज़ के साथ याद किया जाता है। उसके सिर्फ़ मुहासिन बयान किये जाते हैं और अयूब पर पर्दा डाला जाता है। मीराजी में अगर कुछ कमज़ोरियाँ थीं तो उनसे उनका सिर्फ़ मख़सूस हलक़ा-ए-अहबाब ही वाक़िफ़ था। दुनिया तो उन्हें एक अदीब और शायर की हैसियत से जानती और इज़्जत करती थी। क्या ग़ज़ब कि उनके लंगोटिए यार उनके मरने के बाद उन बुराइयों को अलम नशरह कर रहे हैं।

'इस्मत' ने दोज़ख़ी लिखकर अपने भाई को जिस तरह ख़िराज अदा किया है ग़ालिबन हमारे अदीब अब उसी डगर पर चल रहे हैं—और फिर उस मज़मून के बाज़ हिस्सों की कराहत की हद तक उर्यानी। पनाह बख़दा। न नफ़ासत पसन्द तबाअ इसे बर्दाश्त कर सकती है, न यह मज़मून घर की ख़्वातीन पढ़ सकती हैं, न बच्चे, न लड़कियाँ। अगर मंटो के बग़ैर आपका अदबी एडीशन मुकम्मल नहीं हो सकता था, तो एडीटर के क़लमी एहतसाब को क्या हो गया था?

मीराजी मरहूम, मंटो और 'आफ़ाक़' के साथ जो ज़ुल्म होना था, वह तो हो गया। इस मजमूए की अशाअत से जो मज़ीद ज़ुल्म होगा उसका मैं गुनाहगार हूँ और यह गुनाह बुनियादी साहब के सिर चढ़कर कर रहा हूँ। उन्होंने मुझे यक़ीन दिलाया है कि "दुनिया के हर मुहज़्जब मुल्क और हर मुहज़्जब समाज में यह उसूल मुरव्वज है कि मरने के बाद ख़्वाह दुश्मन ही क्यों न हो उसे अच्छे अल्फ़ाज़ के साथ याद किया जाता है। उसके सिर्फ़ मुहासिन बयान किये जाते हैं और अयूब पर पर्दा डाला जाता है। वैसे मैं ऐसी दुनिया पर ऐसे मुहज़्ज़ब मुल्क पर हज़ार लानत भेजता हूँ जहाँ यह उसूल मुरव्वज हो कि मरने के बाद हर शख़्स का किरदार और तशख़्ख़ुस लाण्ड्री में भेज दिया जाता है जहाँ से वह धुल कर आये और रहमत उल्लाह अलैह की खूँटी पर लटका दिया जाय।

मेरे इसलाह ख़ाने में कोई शाना नहीं कोई शैम्पू नहीं, कोई घूँघर पैदा करने वाली मशीन नहीं—मैं बनाओ-सिंहार करना नहीं जानता—आग़ा हश्र की भेंगी आँख मुझसे सीधी नहीं हो सकीं। उसके मुँह से गालियों के बजाय मैं फूल नहीं झड़ा सका। मीराजी की ज़लालत पर मुझसे इस्त्री नहीं हो सकी और न मैं अपने दोस्त श्याम को मजबूर कर सका हूँ कि वह बर्ख़ुद ग़लत औरतों को सालियाँ न कहे—इस किताब में जो फ़रिश्ता भी आया है उसका मुण्डन हुआ है और यह रस्म मैंने बड़े सलीक़े से अदा की है।

सआदत हसन मंटो
लाहौर 11 जनवरी सन् 1952

□□